DIÁRIO ESPIRITUAL

Editora Appris Ltda.
1.ª Edição - Copyright© 2023 dos autores
Direitos de Edição Reservados à Editora Appris Ltda.

Nenhuma parte desta obra poderá ser utilizada indevidamente, sem estar de acordo com a Lei nº 9.610/98. Se incorreções forem encontradas, serão de exclusiva responsabilidade de seus organizadores. Foi realizado o Depósito Legal na Fundação Biblioteca Nacional, de acordo com as Leis nᵒˢ 10.994, de 14/12/2004, e 12.192, de 14/01/2010.

Catalogação na Fonte
Elaborado por: Josefina A. S. Guedes
Bibliotecária CRB 9/870

N337d 2023	Nóbrega, Santina Francisca de
	    Diário espiritual / Santina Francisca de Nóbrega (Irmã Domícia de Nóbrega). - 1. ed. - Curitiba : Appris, 2023.
	        196 p. ; 23 cm.
	
	    Irmã Domícia de Nóbrega é o nome religioso de Santina Francisca de Nóbrega.
	        ISBN 978-65-250-4289-3
	
	    1. Espiritualidade. 2. Oração. 3. Vida espiritual. 4. Amor. I. Título.
	<div align="right">CDD – 248</div>

Appris
editora

Editora e Livraria Appris Ltda.
Av. Manoel Ribas, 2265 – Mercês
Curitiba/PR – CEP: 80810-002
Tel. (41) 3156 - 4731
www.editoraappris.com.br

Printed in Brazil
Impresso no Brasil

Santina Francisca de Nóbrega
Irmã Domícia de Nóbrega

DIÁRIO ESPIRITUAL

FICHA TÉCNICA

EDITORIAL	Augusto V. de A. Coelho
	Sara C. de Andrade Coelho
COMITÊ EDITORIAL	Marli Caetano
	Andréa Barbosa Gouveia - UFPR
	Edmeire C. Pereira - UFPR
	Iraneide da Silva - UFC
	Jacques de Lima Ferreira - UP
SUPERVISOR DA PRODUÇÃO	Renata Cristina Lopes Miccelli
REVISÃO	Bruna Fernanda Martins
PRODUÇÃO EDITORIAL	Nicolas da Silva Alves
DIAGRAMAÇÃO	Bruno Ferreira Nascimento
CAPA	Mateus Davi
REVISÃO DE PROVA	Bárbara Obinger

Para o Toninho, com quem gostaria de compartilhar este texto.

APRESENTAÇÃO

Sinto-me grata a Deus e ao Instituto que me permitiu ler e reler algumas vivências da Irmã Domícia de Nóbrega – ASCJ. Agradeço também a suas irmãs e familiares que tiveram a iniciativa de registrar parte da vida dessa Apóstola.

Por que editar a vida dessa filha de Madre Clélia? Quais foram seus grandes méritos? Fez algo extraordinário, digno de ser publicado aos quatro cantos da terra? Tinha êxtases? Deixou alguma obra com seu nome? Foi uma pessoa que recebeu inúmeros aplausos do mundo? Tinha visões extraordinárias? Possuía contínuas clarividências? Recebeu alguma visita do Coração de Jesus ou de Nossa Senhora?

Irmã Domícia viveu em seu cotidiano como uma peregrina, deixando nas estradas pelas quais palmilhou rastros de muita fé, amor apaixonado por Jesus, inúmeros gestos de doação, delicada atenção, presença que às vezes chegava a ser heroica. Dotada de um físico bastante doente, quantos atos de verdadeira fortaleza teve que enfrentar! Mesmo com seu mal-estar contínuo e dores constantes, pois desde seus quatro anos, já sentia dores nas pernas, procurava estar sempre presente à Comunidade e às vezes isso lhe custava muito devido ao desconforto que era o pão nosso de cada dia.

Irmã Domícia foi uma Apóstola que viveu intensamente sua filiação divina e no Coração de Jesus e de Maria ela hauria forças em suas provações. Sofria calada, mesmo quando era criticada. Nem todos sabiam do seu sofrimento. Tudo o que fazia era por amor. O amor a Deus e aos irmãos foi a bússola de sua vida e a fé foi a estrela que a conduziu nas noites escuras.

Por tudo isso, penso que vale a pena ler estas memórias, aprender a acolher os sofrimentos que às vezes nos visitam, a agir com amor, muito amor, a não perder oportunidades para tornar o Coração de Jesus mais conhecido, mais amado e glorificado.

Irmã Domícia soube conservar a alegria no coração mesmo em meio às tempestades da vida.

Que a leitura do testemunho dessa Apóstola nos auxilie em nossa caminhada e nos fortaleça para que, como ela, façamos dos desafios e provações da Vida uma oferenda agradável ao Senhor.

Irmã Cecília Maria Mezzomo
ASCJ

Somos alguém que saímos do imenso amor de Deus.
(Santina Francisca de Nóbrega – Irmã Domícia)

PREFÁCIO

Eu estou publicando aqui o *Diário* de minha irmã, cujo nome de nascimento é Santina Francisca de Nóbrega e que se tornou Irmã Domícia de Nóbrega, membro do Instituto das Apóstolas do Sagrado Coração de Jesus – ASCJ.

Eu tive vários encontros com minha irmã em junho, julho e agosto de 2014, na ocasião da doença que precedeu sua morte no dia 15 de agosto. Durante essas conversas, eu falei a ela de minha intenção de conservar comigo o seu diário e de publicá-lo. Em um primeiro tempo ela se mostrou surpresa: «Como você sabe que eu tenho um diário?», exclamou ela. Eu respondi que ela me havia dito isso 11 anos antes, em 2003, quando eu estava com ela em sua casa situada em Campina Grande do Sul, nos arredores de Curitiba, onde ela vivia no início dos anos 2000. Nessa ocasião, ela falava de seu percurso religioso, das dificuldades subjetivas que ela encontrou para entrar na ordem religiosa e seguir seu caminho espiritual, dificuldades essas que ela havia consignado em um *Diário*. Eu era então uma jovem psicanalista, ocupada em instalar e consolidar meu consultório em Curitiba. Diante de sua revelação, que foi feita diante de minhas duas outras irmãs – pois nós fazíamos nesse momento um encontro das quatro irmãs nessa casa de campo – eu senti um imenso desejo de compreender como um caminho religioso e espiritual se produz, se constrói, se faz.

Minha irmã tem 16 anos a mais do que eu, ela me viu nascer e detinha uma parte do segredo que determinou minha vida e meu destino. Eu entrei jovem em análise e desde os primeiros anos de meu percurso analítico, eu pensava vagamente que minha irmã religiosa detinha uma das chaves que me permitiriam um dia resolver o enigma do meu caso clínico.

Assim, nossas conversas particulares no final de sua vida giraram em torno de nós duas, nós falamos de nossa família, de meu nascimento, de sua juventude. E um dia, depois de várias entrevistas, ela pediu a uma irmã, uma colega dela, para ir buscar seu *Diário*, que ela me confiou. Eu publico aqui este texto íntimo com seu consentimento. Ela me deu instruções precisas com relação à foto da capa, as outras fotos foram escolhidas dentre aquelas que ela possuía e que me foram confiadas depois de sua morte. Eu agradeço a meu tio Antonio da Nóbrega, que me emprestou fotos que eu publico aqui igualmente.

Eu iniciei a transcrição das notas manuscritas com o sentimento de pagar uma dívida, de agradecer minha irmã pelas informações que ela me forneceu sobre meu nascimento. À medida que eu avançava em meu trabalho de transcrição, minha dívida aumentava em vez de diminuir. Eu havia descoberto um continente desconhecido. Eu aprendi a manejar a Bíblia, que eu nunca havia aberto até então. Eu descobri que a oração não é uma demanda e se, por acaso, nós pedíssemos alguma coisa ao rezar, então pediríamos a Deus a graça de poder amá-lo.

Eu tentei transcrever este texto tão íntimo com o respeito que lhe é devido.

Maria de Souza

Paris, 26 de maio de 2022

DIÁRIO ESPIRITUAL

Março de 1985
Irmã Domícia de Nóbrega
Escola Santa Teresinha
80240-000 – Curitiba – PR
Fone: 244-2923
Casa de Retiros Sagrado Coração de Jesus
Rua Ângelo Mazzaroto, 33
82000 – Curitiba – PR
Fone: 272-5087

1985: data da minha primeira cirurgia do coração
25 de março de 1985: internação
27 de março de 1985: cirurgia
04 de abril de 1985: alta do hospital

«Porque é Deus que opera em vós o querer e o fazer»[1]

«Permaneça sentada no silêncio e na solidão, incline a cabeça, feche os olhos. Respire mais docemente, olhe com a imaginação dentro do seu coração, aguce sua inteligência, isto é, seu pensamento, da sua cabeça para seu coração. Diga ao respirar: "Senhor Jesus Cristo, tende piedade de mim"[2], em voz baixa, ou, simplesmente, em espírito. Esforce-se para afastar todos os pensamentos, seja paciente e repita frequentemente este exercício».

> «O Senhor é minha força».
> «Deus ama as pessoas corajosas».

«Meu Jesus, perdão e misericórdia, pelos méritos de vossas Santas Chagas».

Meu Deus e meu tudo, que meu coração, com todas essas doenças, se eleve a vós em todos os momentos de minha vida. Aceitai, ó Senhor, essa doença transformando-a em vosso amor, que eu viva só para vos amar.

Retiro de março de 1985

«Rasgai vossos corações e não vossas vestes. Voltai ao Senhor vosso Deus, porque Ele é bom e compassivo, longânime e indulgente, pronto a arrepender-se do castigo que inflige»[3].

Senhor, concede-me a graça de reconhecer que sou pecadora e preciso fazer penitência pela remissão de meus pecados e pela salvação de muitas almas pecadoras, em reparação das ofensas que recebes. Senhor Jesus, que trazes a presença de Deus ao mundo e estás presente na Eucaristia, concede-me a graça de entender um pouco mais do teu amor por mim.

Maria Santíssima, Nossa Senhora da paz, conceda-me a graça de entender que Jesus deu sua própria vida pela minha salvação. «Eu creio, Senhor, mas aumentai minha fé»[4]. Senhor, pedimos também pelas pessoas afastadas de vós, que nossas orações cheguem até vós e sejam transmitidas pela conversão dos pecadores. Concedei-me, Senhor, a graça de ter uma boa morte. Que eu sinta um pouco de paz na hora de minha agonia e possa morrer para este mundo, para viver na eternidade, junto a Deus Pai, que tanto desejo. Amém.

«Desejo a cruz, amo o sacrifício. Oh! Dignai-vos chamar-me e estou pronta para sofrer. Sofrer por amor, ó mestre, que delícia! Jesus, meu bem amado, por Vós quero morrer». (Santa Teresinha. Faço também meus estes desejos).

Obediência é um «Sim» ao reinado e senhorio de Deus em nós e nos outros. *O Reino está dentro de nós*, incorporado a Cristo pelo Batismo. A obediência é o conteúdo essencial do nosso relacionamento com Deus e com os irmãos. Estar à escuta do Pai. Jesus, em sua obediência ao Pai, não é sacrifício, é oferta.

Se o Reino de Deus está dentro de nós, por que não o vivemos realmente como os Santos? A nossa vida deve transformar-se em Cristo. Viver este Reino é estar em constante busca de Deus. Quanto mais se obedece, mais livres somos. A obediência converte-se em amor de Deus e seu Reino, em nós.

DIÁRIO ESPIRITUAL

Programa para este mês de março de 1985

* Buscar constantemente a presença do amor de Deus em minha vida.

* Afastar todos os pensamentos supérfluos.

* Ser delicada com a superiora e coirmãs.

* Ser livre para obedecer, com amor, buscando a liberdade em tudo que pedir.

* Aceitar com amor e resignação a enfermidade, com a qual o Senhor está me premiando. Entregar meu coração como oferta todos os dias ao Senhor.

* Oferecer minha vida, com todos os sofrimentos, pela conversão dos pecadores e em reparação das ofensas que o Sagrado Coração de Jesus recebe.

* A minha falta de ânimo para começar os trabalhos, a impossibilidade de vencer as tristezas, em levar as cruzes, sem coragem nem entusiasmo por causa da doença, tudo isto entrego a ti, Senhor.

(Não estava bem de saúde).

Trechos de leituras que ajudam na vida de união e de crescimento espiritual

Quanto mais se desce no vale da humildade, mais se tem *Deus* no *coração*. Quero contentar-me com ações bem ordinárias, nelas colocando o máximo *amor*. O Cristão deve esperar tudo do Pai do céu, como uma criança que tudo espera de seu pai. «Tu nos escolheste, Senhor, para te servir e nos alegramos na tua presença». «Só tu és bom, Senhor! Concede-me gozar-te mais e perder-me em ti, com um renovado entusiasmo».

«O Senhor quer que as mais puras alegrias se transformem em sofrimentos, a fim de voltarmos o coração a ele, nosso único sol e alegria».

A falta de ânimo para começar o trabalho, a impossibilidade de vencer a tristeza ou as variações da sensibilidade, o constrangimento frequente de levar as cruzes sem coragem nem entusiasmo. Que eu me esvazie de tudo nesta vida para aparecer diante de Deus sem nada.

Senhor, fazei agir plenamente em nós o sacramento do vosso amor e transformai-nos de tal modo pela vossa graça, que em tudo possamos agradar-vos. «O menor movimento de puro amor tem mais valor aos olhos de Deus e é mais proveitoso à Igreja do que o conjunto de todas as outras obras». Devemos nos deixar carregar até o Pai pelas mãos do Cristo Jesus. Compreende-se que, quanto mais se corre ao encontro do Senhor, tanto mais correm conosco todos e todas, a nós unidos pela Comunhão dos Santos. «Santidade não é dizer coisas bonitas, nem imaginá-las ou senti-las, mas é *sofrer*», querer e desejar sofrer por *amor* de Jesus. Nada nos pode separar do amor de Deus[5]. O Senhor nos dá um coração novo, seu próprio coração, para podermos *amar* nossos irmãos «como Ele os ama».

O que importa, o que deve ser o objeto de nossos desejos, não é possuir muitos bens, mas ter uma alma de pobre. O que importa não é dominar o mundo, mas ser manso e humilde de coração. O que importa não é comer sempre à saciedade, receber muitas visitas, mas ter fome e sede de perfeição. O que importa não é ignorar a miséria, mas ter o coração aberto à miséria do próximo.

> O que importa não é tudo saber e tudo ver,
> mas ter o coração *puro* para ver a Deus.

O que importa não é ficar em casa sossegado, mas trabalhar para fazer reinar a paz dentro e em torno de nós. O que importa não é ser visto pelos homens, mas proclamar sem medo o nome de Jesus, mesmo à custa de zombarias, pois então, será grande a recompensa no céu.

O valor fundamental é o amor

O mal fica para quem o faz, mas o bem de cada um pertence à caridade, onde estiver. «O ciúme separa, a caridade une. Tem caridade e tudo terás». «Deus dá a cada um segundo suas obras».

«Oferecer-se a Deus como se é»

Cristo acrescentou durante a agonia: «Entretanto, não se faça a minha, mas a vossa vontade»[6]. Também nós devemos acrescentar: «Se é vossa vontade, Senhor, passarmos pela tentação, sermos esmagados por duras provações, então, Senhor, livrai-nos do maligno, livrai-nos da tentação da revolta, concedei-nos a graça de aceitar e oferecer essas provações como discípulos do Crucificado».

Minha primeira cirurgia

Santa Casa de Misericórdia, Curitiba, 26 de março de 1985, dia de Nossa Senhora da Anunciação. Neste momento entrei no hospital da Santa Casa de Misericórdia, às 15 horas, em preparação à grande cirurgia do meu coração. Quantos exames, tanta preparação, jogada de mão em mão de tantas pessoas caridosas em benefício do doente. Sei que vou sofrer bastante. Senhor Jesus, quero me unir a Vós, Pai de misericórdia, oferecendo tudo o que vou passar: dores, angústias, mal-estar, exames, preparação à cirurgia. Ofereço todos estes sofrimentos, em reparação às ofensas que o Sagrado Coração de Jesus recebe, pela conversão dos pecadores, por todos os meus irmãos, pelo meu pai, pela Cidinha, Augusta, Nina, João, Faustino, Delfino, Toninho, Severino, Joventino, pela Madre Geral, Irmã Josefa, pela Escola Santa Teresinha, Irmã Mareliz e família, pela Irmã Alice e Postulantes, Irmã Lilia e Aspirantes, pelos sacerdotes, missionários e nossas Irmãs que estão nas Missões. Estou tão preocupada, meu Jesus, mas eu confio em Vós. (Antes de ser operada).

Depois de operada

Meu Deus, como sofri, eu sabia que iria sofrer bastante, mas sofri muito mais do que eu esperava sofrer. Hoje, Sexta-feira Santa, estou sentindo a paixão de Jesus em mim, pelas dores e mal-estar que sinto.

«A obediência faz milagres»

Eu jamais desejava ser operada, sempre fugia quando o médico dizia que a cirurgia era necessária. Até que chegou o momento em que os Superiores me disseram: «Por obediência deve procurar um cirurgião». Pelos meus votos estou nas mãos de Deus Pai. No momento em que acordei da grande anestesia, o médico que estava ao meu lado me disse: «A senhora foi muito bem, a senhora recebeu uma grande ajuda do alto». Fui renovando minhas intenções, recordando que estava nas mãos de Deus Pai, fazendo sua santíssima vontade.

Muitas vezes cheguei a dizer: «Meu Deus, eu sabia que iria sofrer bastante, mas está sendo maior ainda o sofrimento que eu pensava em sofrer». Passam os dias, sinto-me humilhada dependendo dos outros, sem poder fazer nada, só Deus sabe as dores que sinto. Meu Deus, que humilhação para mim, o desejo é tão grande de ficar boa, mas seja feita a santíssima vontade de Deus. Sofro, mas por amor de Deus Pai, desejo sofrimento e não a glória neste mundo. Quero sofrer por amor a Jesus.

*Leituras e reflexões durante o tempo de recuperação
da grande cirurgia do meu coração*
«Santa Teresinha»

Agora compreendo o mistério do Templo, as ocultas palavras do meu amável Rei. Mãe, teu doce Filho quer que sejas exemplo da alma que procura na noite da fé. Não, Maria não conheceu em Nazaré «nem arrebatamentos, nem êxtases». Pôde, assim, ser realmente o modelo de todos os «pequeninos», jamais agraciados com qualquer revelação particular. É bem grande o número de pequeninos na terra. Podem, sem tremer, a ti seus olhos elevar. É pela estrada comum, Mãe incomparável, que gostas de caminhar, guiando-os para o céu. Como, então, não amar uma mãe como Maria? Mãe, cujo sorriso e presença continuam sendo um eco permanente da ternura de Deus. Uma mãe a quem tudo se pode pedir. Uma mãe a nós dada por Deus, como maravilhoso modelo a imitar.

Estas letras estão mostrando que eu não estava bem de saúde (estava trêmula).

O momento atual é o único em que posso, na verdade, amar a Deus e meu próximo. O momento mais importante da minha existência não é o da hora da morte, aquele pelo qual suplico à Virgem em cada Ave-Maria? «Quem tem o momento presente, tem Deus, dizia Teresa de Ávila, e quem tem Deus tem tudo». Deus nos tem sempre presentes. E conservar-nos diante dele no momento presente é todo um programa. Para nós, cristãos, é, acima de tudo, viver na paz cada instante da vida como um momento maravilhoso, carinhosamente concedido pelo Pai para podermos tornar o mundo eternamente mais belo. Santa Teresinha sofria minuto por minuto, «de instante a instante». Sofro apenas um momento de cada vez. Acrescentava ainda: pensar no passado e no futuro faz desanimar e desesperar.

Não se entregar ao ativismo, mas sempre estar em união com Deus. Assim como os israelitas trabalhavam com uma mão e a outra mão seguravam a espada na construção de uma grande muralha. Esse é o modelo do nosso dever: trabalhar efetivamente com uma das mãos e, com a outra, defender nossa alma da dissipação, obstáculo de nossa união com Deus. Devemos aproveitar cada instante, vivendo-o com muito amor, mas ao mesmo tempo, contando apenas com o Senhor, com o poder transformante de seu amor misericordioso, para sermos dignos, na hora da morte, de ir mergulhar no oceano do amor.

Mensagens de Nossa Senhora

Nossa Senhora disse certa vez: «Não me façais perguntas acerca das verdades. Abri o Evangelho, lá tudo está escrito. Vós sabeis tudo. Lede e crede no Evangelho». Ela se apresentou aos jovens dizendo: «Eu sou a Rainha da Paz. Se a humanidade continuar neste caminho marchará para a ruína». Desde o começo deu para entender que, quando ela fala da Paz, não se refere apenas à paz no sentido político, na ausência de conflitos entre as nações e sim da paz que é dom do Espírito Santo, que está no coração de cada homem e se manifesta no amor.

Quando alguém se deixa possuir pelo Espírito Santo, ama a Deus sempre mais intensamente, ama o seu Reino, a bondade, o irmão, todos os irmãos, liberta-se de todos os temores, porque sabe ser amado por Deus. Desta maneira, aceita viver com alegria todos os acontecimentos da existência. Sabe que tudo o que acontece é para um bem maior...

Compreende e vive a exclamação de São Paulo: «Se Deus é por nós, quem será contra nós? Quem nos separará do amor de Cristo»[7]?

Por isso Nossa Senhora declara que o problema da Paz deve ser resolvido com a regra da conversão, que só pode ser alcançada através da oração e da mortificação. Toda pessoa que decide tomar o caminho da própria conversão, dá uma gota de contribuição também para a solução do problema da paz política. Quando essas gotas forem numerosas, então reinará a paz no mundo. Nossa Senhora repete com frequência que a salvação do mundo está em nossas mãos. Em 25 de abril de 1983, ela falou por meio de Helena: «Dizei a todos os meus filhos e a todas as minhas filhas, dizei ao mundo todo, o mais depressa possível, que eu desejo a conversão. A única palavra que digo é esta: Convertei-vos! Eu rezarei para que Deus não vos puna. Vós não sabeis, não podeis saber o que Deus enviará ao mundo! Convertei-vos, fazei prontamente o que vos digo».

Oração e jejum

A oração e o jejum constituem a regra da conversão. Nossa Senhora disse: «Esquecestes-vos de que, mediante a oração e o jejum, podeis afastar até mesmo as guerras, podeis suspender até mesmo as leis da natureza (isto é, obter milagres). Numerosos são os cristãos que já não acreditam, ou só alimentam uma fé lânguida, insuficiente, por falta de oração. Começai a rezar todos os dias pelo menos sete Pai Nossos, Ave-Marias, Glórias e o Credo. E nas sextas-feiras jejuai a pão e água». Cinco Pai nossos, Ave-Marias e Glórias em honra das cinco chagas de Jesus Cristo, um Pai-Nosso, uma Ave-Maria e um Glória nas intenções do Papa, um Pai-Nosso, uma Ave-Maria e um Glória para implorar o dom do Espírito Santo, pois a Nova Era despontará por meio de um novo Pentecostes. «Que o crucifixo não seja um objeto da casa, mas o centro da vida de piedade, o coração da família». «Renunciai a tudo e, na hora de vossa morte, sereis transportados diretamente para o céu».

Oração

«Nas vossas orações, não useis de vãs repetições, não façais como os gentios, porque entendem que é pelo palavreado excessivo que serão ouvidos»[8]. A oração insistente que Deus ouve não é, portanto, a oração

DIÁRIO ESPIRITUAL

longa, mas sim a «que crê na oração». É Deus quem me diz para orar. «Orai sem cessar»[9]. O próprio Deus Pai me diz: acredite em mim, meu filho, ore!

Deus manda me dizer estas palavras através de Jesus, que veio nos revelar o que é importante para viver. Ter contato íntimo com a Bíblia é ter um contato íntimo com a oração. Impregnado da oração bíblica, cabe-me inventar minha própria relação de oração, mas sem nunca esquecer que rezo, em primeiro lugar, porque Deus me diz para rezar. O menor dos meus pedidos, se é bem feito, me reconduz em verdade a Deus. Sou o que Ele espera de mim, um filho confiante que pede algo a seu Pai que o ama. Deus vê que sou uma pessoa que faz pedidos e pedidos filiais. Ele pode dar-me o Espírito.

Oração

Amar não é facilitar a vida, é fazer viver mais profundamente. Quando caio em uma facilidade de sonho, ou de omissão, muitas vezes é meu breviário que me faz despertar com esse grito: «O Senhor é minha força». «Deus ama as pessoas corajosas» (Teresa de Ávila). «Senhor, ajudai-me a viver o que devo viver».

Colocar-me na presença de Deus (isto é, tudo fazer da minha parte para que Deus me coloque em sua presença). Faço oração quando permaneço nessa intensa certeza de fé que mobiliza todo o ser: *Deus está aqui, eu estou aqui*. O ato de fé, *Deus está aqui*, nunca é suficientemente forte. É o próprio ato de rezar, o ato de comunhão com Deus. Pode assumir diversas formas: ser silêncio (é o mais intenso), palavra ou gesto. Pode ser sentido, ou somente vivido na fé nua. O importante é que seja união do ser com o Ser, da minha vontade com a vontade do Senhor. Permanecer na presença de Deus, na atenção amante que vai permitir a Deus trabalhar em nós. A oração é uma oferenda muito ativa de nós mesmos, para que Deus possa agir. «Espero tudo de ti, Senhor, sei que tu me amas».

Oração

Nosso único esforço (mas ele é grande e necessário) é oferecer ao Senhor um ser muito alerta, muito faminto e que acredita, realmente, nas palavras do Apocalipse 3, 20: «Eis que estou à porta e bato. Se alguém ouvir minha voz e me abrir a porta, entrarei em sua casa e cearemos juntos, eu com ele e ele comigo». Fazer oração é organizar esse encontro a dois, mas deixando Deus conduzir. Exemplo: «Sede, pois, perfeitos como é perfeito o vosso Pai celeste»[10]. Amar como Deus porque sou Sua «filha». Repetir: «Ser tua filha. Ser tua filha. Ter sentimentos de Deus». Sentir que Deus trabalha em mim, não procuro mais nada. O essencial da oração não está no que fazemos, mas, sim, em nossa flexibilidade, em nossa paciência e em nossa fé. «Neste momento, Deus age». Se às vezes sinto vazio, devo me perguntar se não é um vazio devido à ignorância ou à preguiça. Estou rezando bem quando suporto esse vazio?

Oração

Resposta dos peritos: a oração é o mais terrível dos exercícios de pobreza. Não sabemos nada, nunca saberemos nada, naquela altura dos acontecimentos, do trabalho de Deus. Portanto, nem do valor da nossa própria atividade de espera e de acolhida. Quem quer fazer oração deve preparar-se para uma das maiores ausências (aparente ou percebida como ausência) de Deus. Grande ausência porque, inicialmente, imaginamos que vamos obter dele, pelo menos, um sentimento de presença. É por isso que estamos aqui? Não. Ele pode dar esse sentimento, às vezes dá, mas não é esse o objetivo da oração. A única certeza de que rezamos bem é quando temos fé que Deus está ali e age e quando queremos nos oferecer à sua ação. Crer e querer são as duas armas do orante, suas duas obturações, seus dois presentes a Deus, seus dois únicos contatos com ele. Vamos à oração para sermos conduzidos por caminhos indiscerníveis, para sermos moldados em profundidade onde o sentir não tem importância. *Não sinto nada*, portanto, não faço nada. Deus não faz nada. A boa oração é ficar firme no vazio. A vontade-amor é essa força de amor, muito estável e tranquila, com a qual aderimos de forma mais ou menos clara a alguma coisa que Deus nos propõe.

Oração

Santa Teresa fala por experiência própria. − «Que melhor companhia podeis encontrar do que a do mestre? Imaginai esse Senhor perto de vós.

Crede em mim e nunca negligencieis nada, para que nunca fiqueis sem esse amigo fiel. Se vos habituardes a considerá-lo próximo de vós, se Ele vir que fazeis isso com amor e que vos esforçais em agradar-lhe, não podereis mais, como se costuma dizer, libertar-vos dele. Ele não vos faltará jamais, ajudar-vos-á em todos os vossos trabalhos, caminhareis em todos os lugares em sua companhia. Pensais que é pouca coisa ter tal amigo ao vosso lado»?

Que desafio a essa presença tão invisível! Não te nego, mas não te deixo: sei que nos olhas. «Duas pessoas que se amam muito não necessitam nem mesmo de sinais para se compreenderem, basta que se olhem» (Santa Teresa). «Sentir que somos olhados por Cristo»[11]. «Fitando-o, Jesus o amou»[12]. Deus está sempre aqui, nós é que não estamos presentes a Ele, é Ele quem espera por nós.

Oração

Senhor, que segundo a corrente atual, nada, além de ti, para mim seja sagrado, como também todo homem, pois ele é imagem Tua. Que eu una sempre minha busca de ti e o serviço de meus irmãos. Para que me torne um ser de amor, mas que contra a correnteza eu me recentre e viva pobre, desperto na alegria de teus dons. «Só tu és o Santo»! A vida na presença de Deus, a vida de amor com Deus, começa quando temos uma elevada ideia de Deus.

Cuidar para não se deixar levar pela correnteza. Você está com pressa? Corrija-se. Você tem muito a fazer? Pare, senão vai fazer bobagens. Precisa cuidar de outras pessoas? Comece por você, senão fará mal a elas. A cada duas horas pare um minuto! O recuo faz com que penetremos no silêncio. Um silêncio de um minuto já é algo que equilibra tanto que nós nos perguntamos por que o utilizamos tão pouco: não se trata de um silêncio negativo, de uma recusa de ouvir, ao contrário, é o aprendizado da mais intensa e aguçada das escutas, a escuta da vida exatamente onde ela nasce.

Oração

Tudo é criado por Deus neste momento. Nessa criação, faço com que alguma coisa nasça. Neste lugar, aqui e agora, o único lugar onde os homens vivem, o mundo é uma flor que desabrocha. Se eu vivo sempre de maneira ausente, isso é viver? Se eu mergulho, ao contrário, no silêncio do que nasce, que oração e que densidade de amor! Estou aqui. Deus está aqui. Meus irmãos estão aqui, o mundo nasce para alguma coisa. Vivo estas presenças, na ausência de todo conflito, de toda preocupação. Vou retomá-los bem depressa, mas com uma grande mudança de estado de espírito. Enfim, é ali que de repente o Espírito é, em mim, luz e calor. «Vou atraí-la, conduzi-la ao deserto e falar ao seu coração»[13].

O Espírito somente fala quando efetuamos o retorno ao centro. É nosso deserto, em pleno turbilhão da vida moderna, fervilhante, em pleno circo mental. Se eu chegar até o meu coração, por um instante, tenho a calma do espírito. «Não devo sair da vida para estar intimamente unida com Deus».

Oração

Para eu chegar a uma verdadeira oração, devo estar vazia de auto-confiança, para encher-me de confiança em Deus. Sou pobre de saúde, de saber, de boa estrela, devo buscar em Deus todo refúgio. Sou pequena demais perante tanto sofrimento, mas Deus é grande e Ele é meu Pai, eu confio nele. Por que é tão difícil, meu Deus, ficar convosco um momento? Por que é tão difícil afugentar os pensamentos negativos para só pensar no amor e em projetos fraternos? Jesus aprendeu muitas coisas observando Maria viver: alegremente pobre, humilde, ávida de Deus, atenta às necessidades das outras pessoas, como vemos nas Bodas de Caná. Foi Maria quem Lhe inspirou a primeira bem-aventurança: «Bem-aventurados vós os pobres»[14].

Quanto menos eu tiver, mais Ele me dará na medida, na única medida válida, da minha fé nele: «Nada tenho, mas tu me amas e contigo tenho tudo». «Se não sabes aproveitar o minuto, perderás a hora, o dia e a vida». Senhor, contra a correnteza de passividade e de cansaço, ajudai-me a viver realmente o minuto, a hora e o dia. A realidade da salvação em Jesus Cristo é a paz, a liberdade e a *alegria*. São Paulo sabe de nossas dificuldades e dá dois conselhos: «Não vos inquieteis com coisa alguma e apresentai a Deus todas as vossas necessidades»[15]!

Cuidar para não desanimar

Sei que minha cirurgia não foi de grande sucesso e não poderei levar mais uma vida de atividade como levava. Farei grande esforço para levar uma vida de oração, união com Jesus, vivendo no dia a dia o Santo Evangelho, preencher minha vida de Deus, me esvaziar de mim mesma e me jogar nos braços de Deus Pai. Por mim mesma nada sou, mas Ele é tudo e com Ele tudo posso naquele que me conforta. Assim como Maria vivia em silêncio e união com Deus, escondida em Nazaré, eu quero viver. Sei que sou fraca e poderei até desanimar. Mas é preciso ter mais confiança. Quando sou fraca, então é que sou forte.

Ter confiança, ter fé em Deus

«Aquele que permanece em mim e eu nele, produz muito fruto, porque, sem mim, nada podeis fazer. Se permanecerdes em mim, pedi o que quiserdes e ser-vos-á concedido»[16]. «Basta-te a minha graça, pois é na fraqueza que a força manifesta todo o seu poder». «Com todo o ânimo prefiro gloriar-me nas fraquezas, para que habite em mim a força de Cristo». «Pois quando sou fraca, então é que sou forte»[17]. Se os problemas me atingem: saúde abalada, desânimo, cansaço devido à pouca saúde, incompreensão... não devo ficar sozinha no meu canto, mas largar tudo imediatamente, para dar um salto em direção a Deus, afogar-me nos braços de Deus Pai. Perto de Deus não há lugar para exageros, é o minuto de verdade. Habituar-me ao Evangelho, para conseguir ver perto de Jesus, sob que aspecto Ele examinaria meu problema e poder amar a Deus aqui e agora. Tudo é passageiro nesta vida. Ter muita confiança e dar pequenos passos, mas sempre.

Retiro do mês de maio de 1985

* Procurar levar vida de oração.

* Esforçar-me para viver o Evangelho, tendo sempre a presença de Deus em minha vida.

* Não desanimar, buscar sempre a vontade de Deus em todos os acontecimentos.

* Aceitar com amor a minha doença e oferecê-la a Jesus como reparação.

* Preencher minha vida com Deus, esvaziar-me de mim mesma.

* Viver em silêncio a exemplo de Maria.

* Ofertar todos os dias o Santo Rosário a Maria.

* Ter confiança e mais espírito de fé.

* Ser paciente e calma, aceitando tudo com alegria. Maria Santíssima, exemplo de bondade, transformai a minha vida, quero viver com alegria e morrer por amor a Jesus, não importa o sofrimento, estou sofrendo pela conversão dos pecadores, por amor a Jesus.

* Afastar os pensamentos supérfluos, não me preocupar com coisas materiais.

Louvando e agradecendo a Deus Pai

Deus, nosso Pai, estamos aqui reunidos para cantar vossos louvores com o coração em festa, cheio de alegria. Nós vos louvamos por todas as coisas bonitas que existem no mundo e também pela alegria que dais a todos nós. Nós vos louvamos pela luz do dia e por vossa Palavra, que é nossa Luz. Nós vos louvamos pela terra onde moram todas as pessoas. Obrigada pela vida que de Vós recebemos.

– Sim, ó Pai, vós sois muito bom: amais a todos nós e fazeis por nós coisas maravilhosas. Vós sempre pensais em todos e quereis ficar sempre perto de nós. Mandastes vosso Espírito Santo, vosso Filho querido para viver no meio de nós, Jesus veio para nos salvar: curou os doentes, perdoou os pecadores, mostrou a todos o vosso amor, ó Pai, acolheu e abençoou as crianças. Estamos unidos à Santa Igreja, ao Santo Padre, o Papa João Paulo II, aos Bispos, sacerdotes e a todos os nossos irmãos na fé.

DIÁRIO ESPIRITUAL

– No céu também, ó Pai, todos cantam o vosso louvor. Maria de Jesus... Desde toda a eternidade Deus pensou e escolheu Maria para ser sua mãe, para ser a mãe de seu Filho Jesus. Ela recebe, portanto, esta tão grande dignidade que a coloca acima de todas as criaturas do céu e da terra. É a mãe de Deus. É a mãe de Jesus. É a mãe do Espírito Santo. É a mãe de todos nós. É a nossa mãe.

Paz, comunhão com Deus, fim do homem

O próprio Deus vem ao homem, manifesta-se a ele como «Senhor», mas cheio de bondade e misericórdia, rico em graça e fidelidade. Na exuberância de seu amor pelo mundo, manifestado no dom de seu Filho único para salvá-lo, o *Deus do amor* e da paz derrama sobre os homens sua graça em Cristo e os chama à comunhão com ele no Espírito Santo. «Irmãos, alegrai-vos, procurai a perfeição, encorajai-vos. Permanecei em concórdia, vivei em paz e o Deus de amor e de paz estará convosco»[18].

Retiro de junho de 1985

* Procurar viver em oração a cada instante não perdendo nem um minuto de tempo.

* Ser paciente e muito calma resolvendo tudo com calma e alegria.

* Não desanimar, vendo em tudo a vontade de Deus.

* Aceitar minha doença, oferecendo tudo por amor de Jesus, pela conversão dos pecadores.

* Esvaziar-me de mim mesma, desapegando-me de tudo, para me preencher de Deus.

* Viver em silêncio a exemplo de Maria tendo presente «*Deus só*».

* Fazer todos os dias uma hora de adoração, em reparação e oferta ao Sagrado Coração de Jesus.

* Ter confiança e muito espírito de fé.

* Libertar-me de todas as amarras, sendo livre para não ter nenhuma preocupação, jogando-me nos braços de Deus Pai, buscando somente a Ele com mais abertura para minhas irmãs por amor de Jesus, tudo aceitando por amor de Jesus e Maria.

Quando o homem olha para dentro de si, a fim de analisar sua experiência religiosa, tem a sensação de um abismo sem fundo, uma profundeza infinita. Essa profundeza inatingível de nosso ser se refere à palavra (inatingível) de «Deus». Deus significa isto, a profundeza última da nossa vida, à frente do nosso ser, a meta de todos os nossos esforços. Esse fundo íntimo do nosso ser manifesta-se na abertura do nosso «eu» para um «tu» e na seriedade dessa inclinação. Vemos assim impressa em nosso ser a realidade profunda e grandiosa do Deus Criador, a Trindade, isto é, o mistério de um Deus que é comunidade e comunhão de vida. Um Deus que é Pai, Filho e Espírito Santo: ▲.

Deus gosta de pessoas que têm desejos grandes e íntimos. É o que vale. Os desejos são as faíscas mais quentes e sinceras do nosso coração. Por isso, Jesus afirmou que o Reino de Deus está dentro de nós. Basta amá-lo muito, lá dentro de meu coração. A ligação sobrenatural telefônica, sem fio, funciona muito melhor do que todos os nossos sistemas de comunicação. Cristo possui a capacidade suficiente para cativar os corações. Mas ninguém ama o que não conhece. É preciso descobrir o que Deus nos fala através de boas leituras... não perder tempo... Somos como uma plantinha que não dá flores, nem frutos se não a regarmos. Temos que ter Deus bem presente diante dos nossos olhos em todos os momentos e em todos os momentos viver a nossa fé, nossa adesão a ele. «Deus está em toda parte»!

Oh, Senhor, faze-me entender que nos menores passos que eu der para me aperfeiçoar em ti e para atingir a mudança dentro do meu ser, eu caminho para o mundo inteiro, para a totalidade, para a realidade que é Cristo! É o amor que nos fará não querer desagradar o Senhor e nos motivará para uma identificação com Ele, em um «sim» sempre mais profundo. A fonte é Deus, é o amor.

Jesus me ensina que a religião consiste de modo essencial no *amor*. E todos os mandamentos que estão na Bíblia se resumem em um só: A*mor a Deus* e amor ao *próximo*. *Amar* não é o mesmo que gostar. Quem *ama* apenas por interesse próprio, não está amando, mas gostando. Eu gosto de um bolo e acabo com ele. Eu gosto de um cigarro e o queimo. Se eu me utilizo de uma pessoa para meu interesse e depois, quando não preciso mais dela, deixo-a de lado, eu não *amo* essa pessoa. Qualquer prejuízo que eu causar a meu próximo é *pecado*. Se eu prejudico alguém, mesmo que seja através de um simples aborrecimento que ninguém saiba e nem descubra, eu peco e não estou cumprindo o mandamento de Cristo. «Ame a Deus e ame os que se aproximam de você».

Amar é ajudar, aconselhar, corrigir, animar, *favorecer...* Quando eu quero realmente o bem de uma pessoa, eu faço crescer, desenvolver--se e progredir em todos os sentidos. Eu amo quando *ajudo* um cego a atravessar uma rua. Eu amo quando favoreço o cobrador de ônibus, cedendo-lhe o dinheiro trocado. *Eu amo mesmo quando apenas sorrio para alguém. Eu amo quando faço um elogio sincero ao empregado que está cumprindo com seriedade o seu dever.* «Amar é fazer exatamente o que o Mestre fez durante a sua vida». Amar é agir precisamente como Cristo agiria se estivesse em meu lugar.

Propósitos para o mês de julho

* Ter confiança e muito espírito de fé.

* Ser perseverante na oração.

* Desapegar-me de todas as preocupações terrenas, apegando-me mais em *Deus só.*

* Ser paciente e calma em todos os acontecimentos de cada dia.

* Não desanimar nos sofrimentos, aceitar com amor, sofrer com alegria.

* Ser fiel aos compromissos da minha vida consagrada – atos comuns – pontualidade.

* Ver na pessoa de minha Superiora a presença do Senhor.

* Se eu quero encontrar o Senhor, devo me convencer de que quero encontrá-lo, estar a sós com ele, sentir-me amada por ele. A oração se desenvolve em um coração que ama, que sente ser amado. Quando o acolho, serei acolhida. A oração é um dom do Senhor ao homem. Devo pedir ao Senhor este dom. «Senhor, ensina-me a amar». Somos amados por Deus em um amor íntimo e particular. Ele nos ama com um coração indiviso. «Pai, que eles sejam um,

como nós somos um»[19]. Orar é decorar a casa de nossa vida, é um conjunto de coisas e não um ato. Oração é uma atitude fundamental. Se o homem procura a Deus, ainda mais Deus procura o homem. No coração de Deus existe uma grande exigência de amar e no coração do homem a exigência de ser amado. O amor de Deus é carinho, bondade, o coração dele chega até nós e o homem deixa-se amar. «É o espírito que reza, porque vós não sabeis rezar». *Quem não se sente amada, nunca ama a Deus.*

Quem nos levou à vida religiosa foi o Senhor. Somos religiosos pelo Senhor e não pelas obras. Consagradas para o Senhor e não para sermos enfermeiras ou professoras... O Senhor é o único em nossa vida. Somos religiosos exclusivamente para o Senhor. Orar é descobrir o Senhor. Quando nós rezamos, é o Senhor que tem alguma coisa a nos dizer. Só aquele que é livre sabe escutar. «Levar-te-ei à solidão»[20].

Acolher sem impor. Deus aceita, sabe escutar. «Liberta-te dos teus afetos, do teu orgulho para acolheres o eterno». Deus é exigente. A oração deve ser assumida, não louvar só com os lábios, mas com o coração. Quem reza é o homem – saber rezar consigo mesmo – meus dramas, dores e angústias. A oração é a síntese de todo o teu ser. Escutar, não falar tanto e rezar com todo o teu ser, com toda a tua vida. A oração nos leva ao conhecimento de nós mesmos. «Embora nossos louvores não vos sejam necessários, nós vos louvamos, Senhor». Rezando, não fazemos favor nenhum a Deus, pois é o homem que é favorecido. Quando nós rezamos, nos plenificamos. O que dá equilíbrio é quando nos sentimos felizes com Deus, assim não precisamos de psicólogos. Ele me conhece. Eu pertenço ao Senhor. Nós rezamos para ser gente, ser humano, para depois ser santo. Os santos têm uma bondade como a de Deus. Deixar a oração como dever e começar a considerar a oração como um ato de amor. O que é dever é mesquinho, o que é *amor* é sublime. Quando nossa oração deixa de ser um dever e se faz por amor, nasce a fidelidade[21].

A minha oração é dever ou amor? Este ato é dever ou amor? Um ato assumido por amor nunca se cansa. Quando a gente sente necessidade de mudar a oração, é porque faz por dever. Não há oração mais contemplativa do que o terço e a oração sempre repete a mesma coisa. Para viver a novidade da vida é preciso sempre repetir a mesma coisa. Quem ama repete sempre a mesma coisa. Para viver a novidade da vida é preciso sempre repetir a mesma coisa, é o *amor*.

Somos consagradas no amor, nos tornamos consagradas no amor. Se colocarmos amor onde não há amor, se tornará amor. Se colocar Deus no amor vai gerar amor. Orar é importunar a Deus. Ele já sabe o que eu quero, mas ele gosta que eu peça. Quem assume a oração por amor, assume a fidelidade por amor[22].

Oração é um compromisso não com estruturas, mas com alguém, um ato de fidelidade a Deus. Nosso amor é um relacionamento com o Senhor, nossa vida, nossa história. Oração é uma exigência fundamental do coração humano. Quem louva não está preocupado, não exige nada de Deus, mas apresenta suas necessidades. O cume da oração é o louvor. Sentimos necessidade de apresentar ao Senhor nossas necessidades. «Devo permanecer com o olhar e o coração fixos no Senhor».

Oração se aprende orando e o único meio de aprender a rezar é rezando. Artista é aquele que se exercita na arte. Quanto eu menos rezar, menos eu sentirei necessidade de rezar. A oração não é composição química, é uma atitude interior, uma maneira de ser, uma manifestação de toda minha vida interior. Amor é uma experiência de vida individual, cada um ama à sua maneira, de forma individual. Descobrir a minha maneira de amar, o ato de repetir em minha vida, minha história. Cada um reza conforme sua necessidade individual. Deus se comunica na totalidade a cada um, à sua maneira. A oração é o ato mais individual que existe. «Meu Deus e meu Senhor». «Eu serei o vosso Deus e vós sereis o meu povo». Amar como indivíduo e sentir-se amado por Deus.

Bem-aventurados...

A oração é a pureza do coração, por exemplo, a rosa que se abre e desabrocha. Ágape é o amor espiritual, ideal de entrega, pura doação ao Senhor. A oração é o transbordamento do coração, é uma atitude da vida. Quando amamos entregamos nossa vida ao Senhor. Nossa alma é como um jardim onde há muitas flores e Jesus gosta de descansar ali. A maneira mais fácil, quando se ama, é deixar-se amar. A oração é um lançar o olhar para o céu, é um desabafo do coração. Nós necessitamos olhar para Cristo. Ele é um coração que compreende nossas explosões, nosso desequilíbrio interior. Em nossas orações, apresentemos ao Senhor todos os nossos sofrimentos, assim desabafamos o coração. Alguém disse: «No abandono encontrei um amigo, é o Senhor».

Nossas Constituições, número 96

Espírito de oração é uma atitude, minha maneira de ser. Cultivar é cuidar. Se não rezamos é porque não cultivamos. Nossos jardins, às vezes, não têm flores. Zelar é estar apaixonado, cuidar permanentemente. A oração é fruto deste zelo. Uma genuflexão bem feita é uma atitude bem feita na qual acreditamos. Jesus é o modelo de nossa vida. «Mestre, ensina-nos a rezar». Meu olhar deve estar fixo no Senhor. Jesus se retira para rezar. Olhando para Jesus vamos aprender a rezar. Sejamos perfeitos como nosso Pai que está no céu[23]. A perfeição é uma aspiração fundamental da vida. «Comecemos hoje mesmo a vida na qual queremos morrer». Jesus é o orante do Pai. Ele é a oração de glória e louvor ao Pai. Ele nos ensina a apresentar os pedidos ao Pai[24].

Podemos dizer que os 30 anos de silêncio de Jesus, em Nazaré, foram o seu Noviciado. Ele se identificou plenamente com o Pai. Trinta anos de silêncio e solidão, intimidade de Jesus com seu Pai, momento forte em sua vida. A oração verdadeiramente nasce do encontro consigo mesmo. O mistério da oração acontece no silêncio do ser. Para assumir a responsabilidade na vida é preciso antes rezar. Maria e José foram os primeiros mestres na vida de Jesus.

O amor do Pai se revela gratuitamente. Sem intimidade com o Senhor é difícil rezar. Somente no silêncio descobrimos as maravilhas de Deus. Saber se maravilhar das maravilhas de nossa história na escuta da voz do Pai. Não podemos libertar os outros, se antes não nos libertarmos. Para eu ser evangelizador devo antes ser evangelizado. A oração deve levar a assumir a vida, ir até Nazaré com Jesus. Nazaré é escola de oração, experiência de Deus. O que não cria silêncio na vida interior, não é oração. Nós buscamos o Senhor na intimidade e ele foge. Buscamos, procuramos o Senhor no trabalho e ele foge. Jesus se preparou para o Batismo. Depois de batizado, rezava na intimidade com o Pai e esta se tornou uma atitude de união com Deus Pai[25].

Apostolado é exigência interior de oração. Só aquele que reza se dispõe ao apostolado da oração. É na oração que assumo meu apostolado. Qual é o espaço de silêncio na minha oração? Eu me disponho através da oração para assumir o meu futuro que é o meu presente? Senhor, no silêncio da oração em Nazaré, ensina-me a viver e buscar o silêncio para meu apostolado em minha vida de oração. Somos alguém que saímos deste imenso amor de Deus[26].

Para o mês de agosto – propósitos refletidos para corrigir e viver

* Viver na presença de Deus, desde o levantar até o final do dia, ao deitar-me (confessar).
* Ter confiança e muita fé nos acontecimentos de cada dia.
* Convencer-me de que o meu trabalho é uma dádiva do céu, presente que Deus me oferece.
* Viver sempre alegre, mesmo no sofrimento.
* Ver a presença de Deus em tudo, sendo fiel aos propósitos assumidos.

Não é sempre fácil

- Confessar um erro.
- Aceitar um bom conselho.
- Tolerar a crítica justa.
- Dizer a verdade.
- Esquecer o que passou.
- Perdoar a dívida do próximo.
- Levantar-me alegremente ao amanhecer.
- Cumprir os deveres do dia.
- Ser sempre honesta e atenciosa.
- Comportar-me de forma gentil e educada.
- Resistir à tentação.

Somos alguém que saímos do imenso amor de Deus. Olhar a mim mesma e reconhecer-me como maravilha do amor de Deus. Deus nunca humilha ninguém, Jesus nunca humilhou ninguém, Deus confia no homem. Para rezar é preciso descobrir os talentos, a maravilha, a grandeza que Deus colocou em mim. Deus colocou a grandeza divina em cada um de nós. Deus é aquele que sempre me valoriza.

A iniciativa parte do mais corajoso para se doar. O homem é grande quando é fraco, minha capacidade está na própria fraqueza. O homem é chamado a desenvolver sua capacidade. O religioso é como a árvore da floresta: morre de pé, nunca se aposenta. Quero sentir-me amada por ele como sou, nunca me sentir inútil. O homem é aquele que traz no seu rosto, o rosto de Deus. Reencontrar em Deus tudo o que sou. Quando rejeito um irmão, é o Senhor que estou rejeitando. Ele se manifestou no homem, no menor marginalizado, naquele que não tem capacidade. Até que eu não disser: «Obrigado, Senhor, por aquilo que sou», não serei feliz.

Encontrei, Senhor, tua Palavra e comi. Ela se tornou mais doce que o mel[27]. O carisma é um dom a serviço da comunidade. O homem é limitado e isto se torna uma angústia, é um mistério, se não tivéssemos fé nos desesperaríamos. Temos sentimentos negativos dos sofrimentos. Foi necessária a vinda de Jesus para nos libertar. Quem é o homem, Senhor, para se tornar semelhante a um sopro passageiro, pobre, limitado, uma sombra que passa? Nossa morada é no *eterno*. Vaidade, apego, sentir-me nômade, peregrino, sentir-me indiferente, aceitar minhas limitações – sou isto. Somente a oração poderá formar e manter em nós o espírito de humildade.

Agosto de 1985

* Mesmo que não goste de fazer... devo fazer por amor porque é Jesus quem me oferece este trabalho.

* Não me queixar, nem interiormente, do que faço, é o Senhor quem me conduz.

* Aceitar as duas coroas que o Senhor me oferece, a de rosas e a de espinhos e com alegria, sem me queixar.

* Sinto que sou exortada por ser doente, então devo *amar* mais ainda a Deus Pai e viver intensamente o *amor* a Jesus.

* Fazer muitos atos de *fé*.

* Ser paciente e muito calma, não discutir com ninguém, aceitar.

Mesmo que ninguém valorize o meu trabalho, o Senhor aceita porque o faço por amor. Estar presente ao outro, não é conviver com o outro. A presença física não é a mais importante e nem a única. Para entrar em comunhão com os irmãos de caminhada é necessário tomar o caminho da montanha e da oração. «Para mim, o viver é Cristo e o morrer é lucro»[28].

Rezar é entrar em si mesmo, permitir que a força de Deus penetre no mais profundo do ser. Depois de uma oração calma, tranquilizadora, um pacífico deixar-se amar, percebe-se uma mudança radical, uma paz impossível de se definir invade a vida. A glória de Deus que toma posse de uma criatura humana é tão forte que a «carne» mesma é transparência do mistério interior. Uma luz que envolve e que é envolvida pela presença do Senhor. Deveríamos rezar sempre em silêncio, sem palavras. A linguagem do coração aborrece as palavras, porque elas não são capazes de transmitir o que se passa no mais íntimo da criatura humana. A fé é crer no que não vemos e a recompensa da fé é ver aquilo em que cremos.

A vida deve transformar-se em uma atitude de oração, em que tudo nos une ao Senhor e tudo vem dela como força e vida. A oração é silêncio, é um tímido balbuciar de um coração que muito ama. Só através do caminho do amor e do abandono é possível penetrar no coração do Pai. O silêncio é a forma mais poderosa para manifestar os sentimentos do coração humano. Um gesto silencioso de amor comove muito mais do que um longo discurso.

«De manhã, tendo se levantado muito antes do amanhecer, ele saiu e foi para um lugar deserto e ali se pôs em oração»[29]. «E despedido que foi o povo, retirou-se ao monte para orar»[30]. «Mas ele costumava retirar-se em lugares solitários para orar»[31]. «Feito isso, subiu a montanha para orar na solidão. E, chegando a noite, estava lá sozinho»[32].

Sentir sempre a presença do meu poderoso Anjo da Guarda. «Eis que envio um Anjo diante de ti, para que te guarde pelo caminho e te conduza ao lugar que tenho preparado para ti. Respeita sua presença e observa a sua voz»[33].

Palavras da Madre

«Como sabe amar a verdadeira apóstola: é sempre igual a si mesma, constante, social. Acolhe sempre com bondade, trata com afabilidade, apresenta-se sempre pronta a prestar serviços, esquece as injustiças».

Tenho vergonha de ler e meditar estas palavras da Madre, porque não sou assim e, por mais que lute, o mal sempre vem à tona.

«Disponível é quem nunca procura o próprio interesse». Entrei na vida religiosa para ser ajudada e mais ainda para ajudar os outros na realização deste ideal comum a todos. Poderia ter ficado lá fora, servindo a Deus no mundo. Ninguém precisa da vida religiosa para se salvar e para contribuir para o Reino de Deus. O importante é que eu viva só para dar ajuda e nunca exigir nada. No entanto, quanta exigência da minha parte. Exigência sem fundamento, que gera obstáculos e dificuldades para viver a caridade. Muitas vezes digo que estou zelando pela caridade, mas, observando bem, estou procurando mais o meu bem. A vida de minha comunidade depende do que cada uma contribui, mais ainda por mim que sou muito egoísta. Devo dar todo meu esforço sem exigir nada.

A encarnação do Filho de Deus foi um testemunho de imensa fé na boa vontade e na capacidade dos homens. Ele acreditou que, com os homens, se pode fazer alguma coisa boa. Se não acreditasse, não viria e não fundaria a Igreja. E ele quer que, dentro da Igreja e da vida religiosa, se tenha esta mesma atitude de acreditar que com os homens se pode sempre fazer alguma coisa boa.

Quando acontece que me sinto ferida, digo a mim mesma: dedico-me a fazer o bem que hoje posso fazer, apesar de tudo o que sinto, porque a tarefa de fazer o bem é de todos os momentos, mesmo quando o sentir negativo é muito forte. Devo lembrar-me de que sou amada por Deus. Isto é sempre verdade, porque Deus ama todo aquele que quer fazer o bem e se dedica a isso. Sendo sustentada pelo amor de Deus, posso ter felicidade, alegria e força para enfrentar as dificuldades em todas as situações.

Setembro de 1985

- Aceitar cada acontecimento e sofrimento como uma dádiva do céu.

- Demonstrar sempre alegria.

- Ser fiel à oração comunitária e individual.

- Praticar a caridade por pequena que seja, com generosidade, aceitando minhas irmãs com amor.

- Procurar purificar meus pensamentos, vivendo na presença de Deus Pai.

«Jesus é meu Mestre e Guia». A oração é o aconchegar-nos a Deus com uma certeza no coração: Ele nos ama e está sempre pronto para nos acolher, realizando os nossos desejos mais profundos. Rezar é caminhar silenciosamente ao encontro de quem nos espera de braços abertos, para comunicar-nos os segredos mais íntimos do amor, que as palavras não podem expressar. Rezar é ler na «solidão sonora, na música silenciosa» o *Cântico dos Cânticos*, onde cada palavra narra o amor do amado para a amada e da amada para o amado. Ouvir, no silêncio absoluto da profundidade de nossas consciências, as declarações amorosas de um Deus que se contempla em nossa alma.

Outubro de 1985

- Ser fiel à oração comunitária e individual.
- Aceitar o meu trabalho com amor e dedicação, lembrando que é o próprio Jesus que me conduz.
- Ser paciente e muito calma, aceitar tudo, não discutir com ninguém.
- Fé nos acontecimentos como dádiva de Deus e meu Pai.
- Mais confiança em Deus que nos revelou seu Filho Jesus.
- Rezar por cada irmã de minha comunidade.

«Jesus é meu Mestre e Guia». Tenho meus instrumentos, bem precisos e exatos: a oração, a fé, o instinto de Deus e da imortalidade. Eles merecem toda a confiança e hão de me levar através dos nevoeiros, dos ventos perigosos, das tempestades e das incertezas da vida. Confiante nestes instrumentos de fé hei de chegar finalmente para receber as boas-vindas das luzes, espalhadas na pista da *Eternidade*. E lá estarão os seres amados, meus queridos pais vindo ao meu encontro, com seus sorrisos, tão saudosos. Creio... e viverei para sempre.

A maior prova da nossa fé em Deus é sermos capazes de aceitar tanto o que já existe, quanto podermos trocar o que já existe por aquilo que necessitamos. Se alguém me incomoda ou aborrece, digo: «Obrigada, Pai». Repetir isso, não importando como me sinto por dentro: «Obrigada, Pai». O conhecimento do nosso nada, acompanhado do conhecimento da bondade e do poder de Deus, levam-nos a esperar contra toda a esperança, porque chegamos a compreender que Deus nunca nos viria pedir coisas irrealizáveis[34]. Deus é justo. Se, para chegarmos à meta, nos falta capacidade, não nos faltará a assistência do Senhor. E com ela tudo poderemos: «Tudo posso naquele que me dá forças!»[35], repetiremos mais uma vez, vitoriosamente, com São Paulo. Não é difícil confiar em Deus quando deixamos que a fé nos ilumine. Ela revela-nos uma verdade muito simples, mas que pode transformar a vida inteira: o Senhor que nos ama com um afeto incomensurável de Pai, está mais interessado em nossa felicidade do que nós mesmos. E, além disso, é infinitamente poderoso. Não pode desconfiar quem está convencido desta verdade, não pode desanimar quem sabe que, se Deus lhe designou uma determinada missão na vida, lhe dará também, em consequência, os recursos necessários para realizá-la. Uma pessoa que confia em Deus será capaz de dizer serenamente: Aquele que iniciou em mim a sua boa obra a levará até o fim[36]. «O mais pobre é, muitas vezes, aquele que está à disposição de todos. Pode ser utilizado por todos e nunca toma o tempo requerido para fazer algo de particular para si mesmo». Assim, tento ser pobre e peço a Ele que um dia me faça bem-aventurada em seu Reino.

Retiro de dezembro de 1985

A maior ajuda para a humanidade é que eu seja santa. O mundo é um filho pródigo e nós fazemos parte deste mundo. Devo ter cuidado em servir os outros e o perigo de me esquecer de minha vida espiritual. Deus nos dá tudo e não sabemos aproveitar.

Como tenho aproveitado os encontros comigo mesma? A alma filial é uma harpa tocada pelo Espírito Santo. Tenho que deixar as cordas sempre afinadas. Foi Deus quem escreveu a história da minha vida para tirar proveito para a Igreja. Sou frágil e preciso de tudo (São Paulo), nem sequer entendo o que faço. Amo a Deus e sou por Ele amada. Meu valor é o Sangue de Cristo que me remiu. A teologia me ajuda a seguir as pegadas do Deus vivo, Jesus Cristo acima de tudo. Deus se manifestou na história de Jesus. Jesus Cristo é o Filho do Pai e nós devemos imitá-lo, devemos desnudar a nossa alma. Ele é o divino modelo. Jesus foi o Filho porque fez a vontade do Pai. Deus é o Pai, não precisamos ter medo de dizer: «Deus é meu Pai»[37].

DIÁRIO ESPIRITUAL

Jesus, faze com que este meu coração se acenda todo por ti como o teu se acendeu por mim! Faze com que minha vontade se una completamente à tua, de tal modo que eu não queira senão o que tu queres e que tua santa vontade seja a regra de todas as minhas ações. Ensina-me tu, ó meu Deus, o perfeito esquecimento de mim mesma. Ensina-me o que devo fazer para chegar ao teu puro amor, do qual tu, por tua bondade, me inspiraste o desejo.

Bem-aventurada foste tu, ó Maria Imaculada, que tiveste o teu coração sempre e todo conforme com o Coração de Jesus! Consegue-me, ó minha Mãe, que o meu desejo seja o que Jesus quer de mim. Senhor Jesus, dá a todos nós um senso vigilante para o essencial, a fim de que nada desejemos a mais que conhecer-te, amar-te e participar do teu amor redentor pelos homens! Senhor, transforma o nosso coração, torna-o semelhante ao teu! Torna-nos humildes de coração. Virgem Maria Imaculada, ajuda-me e pede a Jesus por mim. Senhor, faze com que estejamos intimamente unidos a ti para sempre, para que a nossa atividade, o nosso amor e os nossos sofrimentos contribuam para a glória do Pai e para a salvação dos homens.

Senhor, aumenta a minha fé, a minha confiança e o meu amor para que, corajosamente, diga «sim» às minhas penas e à *morte* que me espera. Antes, peço-te ainda mais. Dá-me, por meio do poder do Espírito Santo, a força para agradecer-te incessantemente no sofrimento, porque com ele tu queres unir-me mais intimamente a ti e à tua missão para a salvação do mundo! Senhor, envia-nos a tua Luz e a tua Verdade! Faze brilhar a tua face sobre nós. Torne-nos sábios, de modo que alcancemos com alegria a tua água, fonte de toda alegria! Divino Coração de Jesus, enche-nos com o teu Espírito Santo e faze de nós mensageiras e serenas testemunhas do teu amor!

Retiro de janeiro de 1986 (mensal)

Nossa reparação é uma participação na reparação de Cristo, em sua luta contra o mal e em sua obra de *amor*. O que preciso mesmo é ser uma alma de Deus, vivendo Dele, com Ele, por Ele. Deus não me chama para ser uma pessoa ativa que quer fazer tudo, Deus me chama para viver em *amor*, *glória* e *reparação*. O mundo é um filho pródigo e eu faço parte deste mundo. Devo voltar sempre para o Pai. Foi Deus quem escreveu a história de minha vida para tirar proveito para a Igreja. Meu valor é o sangue de Cristo que me remiu.

A reparação é companheira responsável do amor. Quem ama de verdade não pode ficar indiferente diante das injúrias que recebe do ser amado. Seguindo o exemplo de Jesus, devemos viver o *abandono* não só no plano pessoal, mas no mundo inteiro. A reparação é a melhor forma de cumprir com nosso «sacerdócio real», com Cristo. O sacrifício de Cristo tem o duplo objetivo de reparar tanto a ofensa a Deus como a desgraça do homem. Cristo mesmo colocou seu ato redentor dentro do sacrifício. «Isto é meu corpo que será entregue por vós em eterno testamento, que será derramado por vós...». Amar a Deus de todo coração, com toda a alma, com todo o espírito: eis o primeiro e o maior dos mandamentos[38]. Toda santidade tem por base o amor verdadeiro, sincero, profundo para com Deus, nosso criador, nosso soberano Senhor e amorosíssimo Pai. Sem este amor não é possível santidade.

É preciso crescer sempre, andar sempre, progredir sempre. «Desejai, como recém-nascidos, o leite espiritual, para que ele vos faça crescer para a salvação, se é que saboreastes como o Senhor é bom»[39]. «O Senhor nos procura e faz este apelo: quem é aquele que ama a vida e deseja viver dias felizes?» Tocada pela voz do Senhor respondo: «Eu!» E Deus continua: «Se queres gozar a vida verdadeira e eterna, preserva a tua língua da maledicência e que os teus lábios não profiram palavras enganadoras: foge do mal e pratica o bem, procura a paz». Cuidar dos meus pensamentos e não murmurar, amar mesmo quem não se importa comigo, não ceder ao ciúme, reprimir o tormento da inveja, ter horror da discussão, me esforçar para conservar a simplicidade do coração, santificar todos os acontecimentos, levar uma vida de união com Deus.

Senhor, ajudai-me a receber de vossas mãos todos os bens, sempre de coração agradecido e aceitar com paciência os sofrimentos.

Abril de 1986
Sinto que ia morrer

Meu Jesus, perdão e misericórdia pelas vossas santas chagas. Sinto que logo morrerei, meu coração está enfraquecendo, me sinto tão desanimada. Meu Deus, ofereço por vosso amor meu desânimo, meu mal-estar. Seja feita vossa santíssima vontade. Morrer ou viver, não tenho coragem para nada, nem para rezar, mas estou nos braços de Deus, confiante em sua divina misericórdia. O pouco que fiz foi para servir o Senhor em minha vida de consagrada. Meu Jesus, eu vos amo neste mal-estar que sinto.

Parto feliz porque vivi feliz em minha vida de consagrada ao Senhor. Procurei sempre usar meus instrumentos: a oração, a fé. O instinto de Deus e da imortalidade merecem toda confiança e me levarão através dos nevoeiros, dos ventos perigosos, das tempestades e das incertezas da vida pelas quais passei. Confiante nesses instrumentos da fé hei de chegar finalmente para receber as boas-vindas das luzes espalhadas na pista da *Eternidade*. Deus é meu Pai e sua Divina misericórdia me alcançará a graça que tanto desejo de ir para a Eternidade. Maria Santíssima, minha mãe, me acompanhará, me indicando o caminho que devo seguir. E lá estarão os seres amados, meus queridos pais vindo ao meu encontro, com seus sorrisos tão saudosos. Creio e vivo para sempre.

Retiro de abril de 1986

Eu que sou consagrada a Deus e que devo ter uma devoção toda especial ao Sagrado Coração de Jesus, que é um exemplo de paz, de unidade e de alegria, devo viver e transmitir o amor que vem de Deus, tendo em primeiro lugar uma união com Deus, transmitindo o Cristo que nele se revela e se cumpre o plano de Deus, que é um plano de paz. Consagrando-nos ao Sagrado Coração, nós nos abrimos à sua paz, sentimos intimamente que Deus cultiva desígnios de paz.

Quem aprecia a paz que emana do Coração de Jesus, deseja-a também para os outros e fará o possível para comunicá-la. O primeiro passo para transmitir a paz é eu viver em paz comigo mesma para poder transmiti-la aos outros. Esforçar-me-ei para viver em paz e assim poder transmiti-la à minha comunidade.

- Procurar sempre me acalmar nas horas difíceis.
- Pensar sempre bem das minhas coirmãs e rezar por elas.
- Viver na presença de Deus, me despreocupando com as coisas terrenas.
- Lembrar sempre que devo morrer logo, estar sempre preparada.
- Não querer fazer muito, mas bem feito o pouco que faço.
- Aceitar minhas limitações.
- Saber conviver com minha falta de saúde, aceitando meu coração doente como um prêmio que o Senhor me concede.

Senhor, enviastes um Anjo para confortar vosso Filho em sua agonia. Fazei-me sentir a doçura da esperança na hora da minha *morte*.

Retiro de agosto de 1986

A santidade de Madre Clélia é o seguimento de Cristo, o seguimento de Cristo é a ordem suprema para todos os religiosos. A doutrina do Evangelho é a regra máxima para seguir o Cristo. O seguimento de Cristo é a ordem última dos religiosos. Eles anunciam o Evangelho não por anunciar, mas porque seguem o Cristo. Seguir evangelicamente o Cristo é, antes de tudo, ser chamado por Ele. Deus chama e dá os meios para responder. Seguir o Cristo é viver com ele e com os outros que ele chamou. Seguir o Cristo é viver com ele comunitariamente. Nossa comunhão fraterna se torna um sacramento, a comunhão com Cristo se transborda em comunhão com os outros. Seguir o Cristo é ser perpétuo discípulo, deixar-se ensinar e querer aprender. Cristo sempre nos quer ensinar. Seguir o Cristo é estar disposto a tudo por ele, não somente estar disposto a tudo perder, a exemplo dos Apóstolos. Seguir o Cristo é confiar nele sem outra garantia que é ele mesmo. Seguir o Cristo é renunciar a toda segurança forte. Ser santo é seguir o Cristo, viver como ele, esse deve ser o nosso progresso[40].

O melhor meio de se conhecer a si mesmo é o esforço para compreender os outros.

Setembro mês da Bíblia

Senhor, tua palavra é para mim uma semente de sangue e de Luz, que vai traçando sulcos em minha caminhada. E eu bendigo os frutos que venho colhendo, na floração dos meus dias, sob a chuva das tuas graças.

- Ser fiel ao meu compromisso de consagrada.

- Procurar viver sempre na presença de Deus Pai, unindo meu sofrimento ao de Nosso Senhor Jesus Cristo.

- Procurar viver o silêncio interior.

- Pensar sempre positivamente.

- Ser calma em todos os momentos.

- Afastar as distrações, procurando viver o meu dia a dia em união com o Senhor.

- Senhor Jesus Cristo, tende piedade de mim pecadora.

A santidade consiste na coragem de recomeçar cada dia[41].

Retiro mensal outubro de 1986

«Procurai antes o Reino de Deus. Tudo o mais vos será dado por acréscimo»[42]. Deus é nossa vida, única riqueza nossa. Para quem nada falta, onde estaria a pobreza? Somente na falta de Deus. Pobres de nós, portanto, se possuindo tudo o que temos, não tivermos também uma ambição de possuir a Deus, desinteressados de tudo e desprendidos de tudo o mais. O que santificou os Santos não foi certamente o desprezo ao luxo e às riquezas, mas o interesse com o qual procuraram em Deus a única riqueza que os podia contentar e satisfazer. Para eles a pobreza não consistia em não querer o mundo, mas em querer a Deus com todas as forças. Somente esse desejo sincero e perseverante da vida de Deus em nós poderá levar-nos à perfeição do amor, em uma vida realmente religiosa, toda dedicada. Que minha vida seja simples e pobre. Que o trabalho, principalmente em casa, não me apavore, mas que saibamos ganhar o pão com o suor de nosso rosto.

Que o mundo não nos veja presos pela tirania do luxo, do conforto e da vaidade, mas preocupados tão somente com Deus. E que não tenhamos medo de ser *humildes*, que não nos envergonhemos de nossa pobreza, pois o Reino dos céus será daqueles que o procuram e desejam com todas as forças.

- Desapegar-me das coisas terrenas, vivendo sempre unida ao Senhor.
- Por menor que seja aquilo que faço, fazer tudo por amor.
- Fazer do sofrimento um hino de louvor a Deus Pai me unindo aos sofrimentos de Jesus.
- Ter sempre presente a Cruz de Jesus. O Senhor carregou a Cruz pela minha salvação, eu devo carregar para chegar até ao céu e dizer: «Senhor, aqui estou para viver para sempre».

Quem crê não precisa de sinais, basta a fé, disse Nossa Senhora. Em todas as mensagens de Nossa Senhora em Medjugorje, a mais repetida e insistente diz respeito à oração. «Queridos filhos, deveis entender que é necessário rezar. A oração não é uma brincadeira. A oração é um colóquio com Deus. Em cada oração deveis ouvir a voz de Deus. Não se pode viver sem oração. Oração é vida».

«Queridos filhos, deveis aprender a amar. Abri vossos corações como se abre a flor aos raios do sol da primavera. Eu sou a vossa Mãe e quero ajudar-vos. Amai o Pai e pedi-lhe tudo: Ele pode conceder-vos tudo!» Em suas mensagens, a Virgem nos aponta grandes e infalíveis meios de renovação espiritual: oração, jejum, conversão, vida sacramental, retorno a Deus, penitência, vida de fé.

Dezembro de 1986
Anotações do retiro anual Padre João Maria Gardenal

A consciência é o sacrário do homem, onde ele ouve a voz de Deus.

26/12/1986

Vive bem quem ora bem. É no silêncio que se ouve a voz de Deus. Onde existe barulho Deus silencia. Jesus me ama apaixonadamente como se eu fosse a única pessoa que existe. Pedir em meu nome quer dizer em meu sangue. Imaginar que estou lá no Calvário, junto de Maria, sentindo o sangue quente de Jesus derramando por mim. Deus confirma o que nós escolhemos. A consciência é um núcleo secretíssimo, é o sacrário do homem onde ele está sozinho com Deus. É ali que o homem ouve a voz de Deus.

Que diz a Cruz à beira do caminho? Quer dar ao caminhante que passa a grande palavra da verdade: O Salvador por ti levou a cruz. Sua cruz ao céu levar-te-á[43]. «Deus nos é mais íntimo do que nós a nós mesmos»[44]. Colocar dentro de nós o centro das decisões não é abdicar, porque Deus está no centro da nossa alma. Sem oração profunda pessoal e compartilhada não serão possíveis nem a conversão, nem o discernimento e nem o empenho apostólico[45].

No dia a dia será que tenho minha união íntima com Deus? Cada dia descobrir uma maravilha que Deus me fez. Não me acomodar, aprofundar sempre mais. Esforçar-me para melhorar, trabalhar para me conhecer profundamente. Deus muda minha vida, minha imagem, assim serei justa, paciente com todos e comigo mesma. Deus permite as tentações, as quedas para me conhecer.

A mim o fizestes

Jesus me pede para ser nova. Eu sou um dom para minha comunidade. Uma ação é nova quando faço a Cristo, o que faço é para Cristo. Quando amo cada irmã é a Cristo que amo. Sem oração profunda, pessoal e compartilhada, não serão possíveis nem a conversão, nem o discernimento nem o empenho apostólico (Padre Arrupe). Nada feito por amor é pequeno. Jesus, eu só tenho este instante para te amar. Quem reza bem respira normalmente, tranquilo, vive em paz. Maria fazia pequenas coisas por amor, ganhava mais para a Igreja do que todo o universo. Cristo viveu 33 anos só para ensinar uma coisa: *o amor*. Jesus era extraordinário nas coisas ordinárias porque fazia tudo *por amor*.

Para viver durante o ano, renovar a cada mês, revisar a cada dia (ano de 1987)

- *Deus me basta* – alegria no servir.

- Colocar sempre reta intenção em fazer tudo por amor a Deus, as pequenas coisas.

- Antes morrer do que fazer para aparecer.

- Fazer a confissão semanal.

- Nunca deixar a oração por causa das atividades.

- Procurar viver sempre na presença de Deus unindo meus sofrimentos aos de Nosso Senhor Jesus Cristo.

- Viver o silêncio exterior e interior.

- Pensar sempre positivo e bem dos outros.

- Ser calma em todos os momentos, não falar quando estiver irritada.

- Comer o que faz bem e não o que gosto.

- Cuidar para não faltar ao que as minhas Constituições me pedem.

- Oração pessoal diariamente, fazer todo o esforço para que seja uma hora.

- Fazer todo o esforço para não perder o ato comum e chegar antes de começar a oração, me esforçar sempre para rezar em voz alta.

- Cuidar para não faltar à caridade, ser pronta, não resmungar, aceitar com alegria o que a Superiora e as irmãs me pedem. Ajuda-me a aceitar, Jesus.

- Ser grata pelas graças e dons que recebo sempre, todos os dias.

- Aceitar a catequese aos domingos por amor de Jesus.

- Aceitar ser responsável pela comunidade por amor de Jesus.

- Não mudar os propósitos feitos no retiro. Naquilo que sou fraca, rezar mais ainda.

Resumo do Retiro[46]

A oração é a força de minha convivência com Deus e com minhas coirmãs. Quanto mais entro na oração profunda, menor eu fico e Deus se torna grande. Quando deixo a oração pulo das mãos de Deus.

1. Jesus, ajuda-me a amar sempre. «A mim o fizeste».
2. Jesus, ajuda-me a perceber que «Nada feito por amor é pequeno».
3. Jesus, ajuda-me a tomar consciência que só tenho este instante para te amar.
4. Jesus, ajuda-me a calar quando estou irritada.
5. Jesus, ajuda-me a ser fiel à oração pessoal diária (uma hora).
6. Jesus, ajuda-me a ser fiel à meditação, à visita diária ao Santíssimo Sacramento.
7. Jesus, ajuda-me a sempre pedir em nome do teu Sangue.
8. Jesus, que eu possa sempre crer no teu grande amor para comigo.
9. Jesus, ajuda-me a pensar seguidamente na morte.
10. Jesus, que todas as noites eu me lembre: «Quantas vezes te vi na irmã»?
11. Jesus, que eu possa sempre pensar que não estou só, Tu estás comigo.

Deus é coração misericordioso. Quando rezo para os outros me sinto feliz porque saio de mim mesma para pensar no outro. A oração, para ser perfeita, deve ter coisas essenciais. Bastam 15 minutos diante do Santíssimo para a amargura virar doçura. Tudo pode ser mudado pela oração. Quem abandona a oração, abandona Cristo. Quem comunga bem sempre sai transformada para amar o irmão. Conseguimos tudo pelo Sangue preciosíssimo de Jesus.

No dia 17 de janeiro de 1987, recebi da Madre Provincial uma responsabilidade maior. Eu me senti tão pequena que me pareceu desaparecer. É o Senhor que opera em nós o querer e o fazer. Como sinto sair desta querida comunidade de Santa Teresinha. Gosto muito de morar em Santa Terezinha, aqui sofri, chorei, senti dores, mas assim mesmo fui muito feliz.

O Senhor me chama para viver em outra Comunidade e, ainda mais, ser responsável por ela. Sei que isto vai pesar, mas estou confiante porque Cristo é a Luz que ilumina meu caminho. Ele vai à minha frente. «Devo florir onde Deus me plantou». Colocarei todo o meu esforço para vencer. Confiante em Deus pelas mãos dos superiores, sigo em paz e tranquila, embora meu coração sofra muito. Eu estou em paz, confio em Deus, Ele é o meu refúgio e fortaleza. Dizem tantas virtudes de mim nestes dias, mas só o Senhor sabe quanto esforço e renúncias eu tenho que fazer. *Só por amor de Jesus.*

O pão está crescendo e já me alegra com seu cheirinho gostoso e quente. Recebe meu pão, Senhor! Ele é parte desse mesmo pão que estás oferecendo. É esse mesmo! Com outros grãos e outras uvas, com a tua e as nossas cruzes, eu e nossos irmãos somos uma Eucaristia que vive!

Retiro mensal de março de 1987

Senhor nosso Deus, não vos deixeis vencer pelas nossas ofensas, mas aplacai-Vos com nossa conversão. Olhai para nós, vossas servas, que reconhecemos os nossos pecados. Concedei-nos que ao celebrar o Sacramento da Vossa Misericórdia possamos, corrigidos dos nossos erros, receber Vossa eterna recompensa.

Somos filhas adotivas.
Ser mãe de almas.
Consolar o Coração de Jesus salvando almas.
Amar primeiro a comunidade.

Se for desprezada pelas criaturas, que me importa? Deus se interessa por mim, ele me basta. O que faço para minhas coirmãs é para Deus que faço. Senhor, que eu te conheça profundamente para poder amar-te mais ainda.

Dom do Entendimento

O Espírito vem nos ajudar através de nossa inteligência a compreender não somente as criaturas, mas também a compreender mais profundamente os mistérios de Deus e suas verdades reveladas. O Espírito Santo nos ajuda a distinguir o verdadeiro do falso[47].

Dom do Conselho

Ajuda-nos a escolher o que é de maior proveito para o bem da alma e o que corresponde à vontade de Deus. O verdadeiro sábio é aquele que conhece a Deus, é aquele que age com firmeza e segurança, sem medo de errar porque o Espírito lhe dá esta segurança. «O Espírito Santo, que o Pai enviará em meu nome, vos ensinará todas as coisas e vos recordará tudo o que vos tenho dito»[48]. Esta promessa de Jesus é válida para todo cristão, portanto é válida igualmente para nós. O Espírito Santo mora em nossas almas para nos aconselhar, para nos lembrar os ensinamentos do Senhor e aplicá-los nos casos concretos da nossa vida.

Exame sobre a Humildade

- Tenho eu, bem sinceramente, no fundo do coração, a convicção de que sou a menor de todas? Então como se explicam as comparações que espontaneamente faço com vantagem para mim, entre as minhas irmãs e eu?
- Fico eu feliz pelo fato de as outras me darem o lugar que me convém, o último?
- Como costumo aceitar uma palavra de censura, uma correção ou falta de respeito?
- Acho eu que, para mim, todas as ocupações são boas? Humildade é sinceridade.

Dom da Piedade

Dá a certeza de sermos filhos de Deus, consideramos Deus nosso Pai. Este dom desperta em nossa alma o sentimento de confiança para com Deus Pai e dá a certeza de sermos seus filhos por meio de Jesus Cristo. Dá-me, Senhor, uma alma acolhedora, um coração aberto, a mão sempre amiga. *Que jamais os olhos de alguém procurem os meus sem encontrar uma alma disponível.*

Retiro de agosto de 1987

Deus me chamou a viver em comunhão uns com os outros, renunciar a mim mesma, doar-me aos outros. Deixar a Palavra de Deus crescer dentro de mim, viver em uma profunda união com Deus. A oração me leva à disponibilidade. A abertura para Deus me ensina a humildade[49].

O dom de serviço é de estar à frente, eu sou responsável pela Comunidade, é um dom, uma graça que Deus está me pedindo a cada momento, é o amor que me pede este dom. Devo fazer com simplicidade, alegria, amor e muita humildade este dom de serviço, porque só o Senhor é quem irá me recompensar. Fomos chamados à santidade, à comunhão. Os dons não são simplesmente aquilo que gosto de fazer, são aqueles que Deus pede, o dom da autoridade. Deus me chamou para viver em comunhão, na convivência fraterna do dia a dia. É um serviço árduo, é um dom de Deus. O bom Superior é aquele que fala pouco e está sempre atento à escuta de Deus. Se serviço é um dom, Deus nos pede conta deste serviço. Vede, diz o Esposo, que o Reino de Deus está dentro de vós[50]. E o seu servo, o apóstolo Paulo, o confirma. «Vós sois o templo de Deus»[51].

Senhor Jesus, quero ser Luz para minhas coirmãs, vivendo com amor, por amor, com alegria, servindo sempre minhas irmãs como se fosse o próprio Jesus. Ser fiel em minhas orações e vida de Comunidade. Caminhar sempre juntas, ser amiga de minhas irmãs. Tenho que ser mais leal para com Deus e mais afetiva e justa com minhas irmãs. Que em cada Eucaristia, em cada Comunhão com meu Jesus, eu seja transformada no amor de Cristo e transmita isso às minhas coirmãs.

Cristo é a Luz que veio ao mundo para nos iluminar e salvar. Pelo Batismo eu recebi esta Luz porque me tornei um membro de Cristo. Deus nos deu os mandamentos: o primeiro é amar a Deus sobre todas as coisas e o segundo é amar ao meu próximo como a mim mesmo. Devo ser Luz amando minhas irmãs, sendo Luz para cada uma, unida com alegria, servindo como Cristo que estava sempre junto com os apóstolos.

Só Deus me basta

- Senhor Jesus Cristo, tende piedade de mim.
- Jesus, ajudai-me a cumprir todos os meus propósitos de cada dia, cada hora, cada minuto.
- Jesus, ajudai-me a não faltar à caridade.
- Jesus, ajudai-me a fazer tudo por vosso amor e por amor a Maria.
- Jesus, ajudai-me a ter paciência, aceitar tudo sem resmungar nem responder.
- Jesus, ajudai-me a ser fiel na oração particular e comum, vivendo sempre na vossa presença.
- Senhor Jesus, de que vale viver neste mundo se não vos amar sempre? Quero ser fiel aos meus compromissos de consagrada.
- Senhor Jesus, aceito a Cruz que me enviais, quero fazer dela instrumento do vosso amor. Amém. Aleluia.

Estas anotações são para eu me recordar nas horas difíceis, porque quando tudo vai bem é fácil, mas nas horas difíceis, devo ir buscar onde armazenei para poder me sustentar. Irmã Domícia.

«Vejo que debaixo do sol tudo é vaidade e aflição de espírito... que o único bem consiste em amar a Deus de todo o coração e ser pobre de espírito aqui na terra»[52]. «A força do Senhor será vitoriosa em mim». Jesus tem poder junto ao Pai, ele pode me apresentar como filha. Eu sou fraca, pecadora, mas Ele é todo-poderoso e tem o poder de me perdoar e salvar.

Eis que chegou o momento que eu desejo há dois anos: fazer o curso de Experiência de espiritualidade. Dom Romer, 01/07/88.

Meus propósitos

– Fazer uma aventura com confiança.

O coração de Deus é abertura total e continua aberto em Cristo. Deus se revela. A revelação não é um conjunto celestial, nem informações. Deus mesmo comunicou para nós o seu íntimo ser. Ele quer viver em nós, quer que vivamos nele desde já. O importante não é saber tudo de cor, mas unir-nos a ele, nos revelarmos nele, sermos filhos. O importante é abrir-nos para Deus, irmos a seu encontro, nos jogarmos nos braços de Deus. O mistério da revelação continua acontecendo.

– A Palavra ouvida com fé *acontece* em nós.

Quando lemos a Palavra de Deus com fé, ela acontece em nossa vida. O mistério da revelação acontece quando é anunciado com fé. A Palavra de Deus, quando lida com amor, nos transforma[53]. Como foi grande a obediência de Jesus em fazer a vontade do seu Pai. Deus está sempre aberto para mim, eu devo estar sempre aberta para Deus.

Nossa fé, nossa vida

Os discípulos de Emaús são um exemplo para minha vida de consagrada ao Senhor. Ele vai ao meu lado – apalpai e vede. Ele desaparece, entra em nossa Igreja, vive em mim, está comigo, caminha ao meu lado, está dentro de mim, vive comigo.

Devo caminhar sempre ao lado de Jesus, sentir sua presença. Ele caminha comigo, sou consagrada ao seu amor, Ele me ama. Ele já me amou primeiro, Ele nunca me abandona, está sempre presente em minha vida, tenho essa segurança. Eu creio Senhor e estou nesta vida de passagem, é uma caminhada que devo fazer para depois me encontrar na outra vida. Eu creio Senhor e estou esperando que venhais me buscar. «Nenhum olho viu, nem ouvido ouviu, nem o povo imaginou o que Deus tem preparado para os que O amam». Jesus é o meu seguro de vida[54].

Jesus nos chama para viver na presença do Pai, no amor do Pai, com confiança. A Igreja nos quer muito. A *vocação* é um chamado de

DIÁRIO ESPIRITUAL

Deus para vivermos o Reino de Deus, é uma presença visível na Igreja. A vivência dos religiosos, sua pureza, a liberdade de uma vida consagrada a Deus pela virgindade, pobreza, é um chamado especial e um exemplo aos jovens. A bem-aventurança é para todos, mas em especial para viver uma vida mais perfeita. Cuidar de mim de uma maneira nova, mais delicada na vida espiritual, renunciar, viver uma vida de reparação e amor, mais por amor.

Jesus me chama a viver na presença do Pai, deste Pai que está aberto para mim com todo carinho, com seu amor. Eu, que sou sua filha amada, devo ser delicada para com as pessoas que refletem o amor do Pai. Ver em cada pessoa o carinho de Deus Pai. O amor às criaturas deve ser o reflexo do carinho de Deus. Perdoar sempre, Jesus nos manda perdoar. Deus, às vezes, é duro e exigente, isso é a prova de que nos ama muito e confia que eu seja capaz de dar mais, ser melhor, mais santa para sua glória e para a glória da Igreja.

Devo viver o espírito do meu Instituto, servir e sacrificar-me, ser consequência e expressão do amor. Neste espírito de servir, quero estar na presença de Deus Pai, ser presença para todos. Não me comparar com ninguém neste mundo, mas com o Pai. Ser Luz, caminhar no clarão da Luz que é Jesus, que caminha comigo. Aos poucos, Jesus se revela pelo sacrifício. Amar o sacrifício me imolando com Jesus, desapegando de tudo, ser pobre porque o pobre tem maior facilidade de entregar-se totalmente a Deus porque espera somente de Deus.

Abnegar-me a mim mesma é uma morte, é o chamado a sacrificar minha própria vida. É o sacrifício que faço dia por dia da minha vida. Isso só se entende pelo meu maior amor a Deus, onde tudo é sacrificado e oferecido com grande amor a Deus pelo seu filho Jesus, que é o único grande sacrifício do qual participo, este grande sacrifício expiatório. À redenção de Cristo oferto a minha vida como Ele ofereceu a dele. Não devo querer aparecer, tudo contar, falar, mas devo calar. Renunciar é a forma mais sublime do amor[55].

Jesus me chama para viver na presença do Pai, devo estar aberta para estar diante do Pai e receber tudo o que ele quer me dar. Estando diante do Pai, devo ver nas pessoas todo o carinho dele. Preciso respeitar, ser delicada, amável, compassiva a exemplo de Jesus Cristo. O amor do Pai é o reflexo do carinho de Deus Pai. Aceitar as pessoas e perdoar, Jesus nos manda perdoar 70 vezes sete. Deus, às vezes, exige coisas difíceis, é o amor do

Pai que quer o bem de seus filhos e sabe que seus filhos podem dar mais. Ele quer que eu seja mais pura, mais santa, que eu ame mais. Quero servir mais, sacrificar-me mais por amor para poder chegar mais perto de Deus Pai.

Deus me escolheu para pertencer à Igreja. Devo ser testemunha, sei que devo sofrer. Como estamos ainda antes do grande parto, não sei como vai ser. Jesus disse: «Vós haveis de sofrer no mundo, mas tende coragem, eu venci o mundo». Todo sofrimento na Igreja faz parte do sofrimento de Cristo.

– Eu quero ser mártir na fidelidade à minha consagração a Jesus Cristo, vivendo meus votos dia a dia. O martírio é uma experiência básica. A pureza da fé está ligada ao testemunho do martírio. Quando uma jovem coloca sua vida no altar, está participando do martírio, está vivendo seus votos.

– Maria é, para a Igreja, a mulher da vitória, ela está ao lado de Deus. A Igreja precisa da minha vida de consagrada. Devo ser melhor, mais santa pela salvação da humanidade. É o demônio quem faz guerra no mundo, devemos ser lutadoras contra Satanás no mundo. Pela nossa vida de consagradas devemos ser *Marias*.

– Mulher é toda Igreja que realiza esta batalha. Mulher foi a última palavra de Jesus na Cruz, quando ele disse: «Mulher, eis aí teu filho». Maria é para a Igreja a mulher da vitória, ela está do lado de Deus. A Igreja precisa de nós consagradas, precisa de nossa santidade. A coisa mais profunda da vida espiritual é entregar-se à vontade de Deus.

– Enquanto estamos nesse mundo é uma morte dia por dia. Nosso grande modelo é Jesus Cristo. Maria Santíssima foi o primeiro modelo de consagrada ao Senhor.

Jesus, és tudo para mim, eu te amo e tu me amas. Sou como o curso da água imensa de um rio e como um aqueduto saindo do paraíso, eu regarei as plantas do meu jardim. Penetrarei em todas as profundezas da terra, visitarei todos aqueles que dormem e alumiarei todos os que confiam no Senhor. O Jardim somos nós, Deus é o dono, ele rega com suas graças. A terra sou *eu*, Ele quer fazer de mim uma terra fecunda para Ele. Eu preciso tanto desta Luz.

A graça de Deus

Cada vez que Deus se encontra com sua criatura, chamamos isso de Graça de Deus. Temos dois mistérios fundamentais: Deus trino, Deus que se encarna nas criaturas. Deus derrama sobre nós a sua bênção. Ele nos chama para vivermos uma vida mais bela, profundamente cristã, um coração mais livre, mais aberto para ele, para ser somente dele. Quando Deus chama, ele sempre oferece novas graças e diz: «Eu exaltarei teu nome, a tal ponto, que tu te tornarás fonte de bênçãos para os outros»[56]. Quero me oferecer sempre pela salvação dos outros, por amor a Deus Pai em reparação ao Senhor Jesus Cristo, meu Senhor e amigo.

> Coloco minha vida à disposição de Deus,
> mas isto exige muito de mim, que devo dar
> sempre mais, me imolar como vítima dia a dia.

Todo sacrifício que fiz para deixar tudo: meus pais, irmãos, costumes e tudo o mais... para me doar ao Senhor, foi bastante sacrifício, nunca esquecerei, é uma história que não se apaga dentro de mim.

– Vai... mas para onde? Para onde eu mostrar...

Abraão tem que andar totalmente confiante em Deus. Abraão não sabia o que iria enfrentar.

Eu deixei minha família, nunca tinha lido a Bíblia, não conhecia esta passagem nem sabia o que iria enfrentar, mas sabia que deixar tudo era para um bem maior, para amar mais, servir ao Senhor, pertencer somente a Deus e não ficar presa nas criaturas, embora isto esteja me custando muito, até as lágrimas. Foi um grande sacrifício me desprender de meus queridos pais e irmãos a quem eu queria tanto bem.

A bênção universal

Trazemos em nosso ser todo o destino.

- O destino universal da vida é ser bom. A bondade profunda que deve haver em Deus. Deus fez aliança conosco. Deus viu que tudo era bom. Nenhum de nós sabe o que irá acontecer, o que vai ser de nossa vida.
- Deus chamou Abraão e chamou a mim também. A bênção verdadeira da pessoa humana para o universo é o homem. Como é belo e rico o homem que é aberto para Deus. Deus o fez à sua semelhança.

O religioso deve assumir sua vida como imagem de Deus. A minha vida é uma imensidão perante Deus. Devo ser generosa para que possa se completar a obra de Deus em mim[57].

Adorar um único Deus e só a Ele prestar culto. Temos nosso culto de pecados: orgulhos, vaidades, em nossas vidas devemos também queimar algumas imagens de crenças. Minha vida é querer pertencer somente a Ele, ser propriedade exclusiva de Deus Pai. Cada vez que fazemos o Sinal da Cruz recordamos o Batismo e ninguém tem o direito de tomar, somos propriedade exclusiva de Deus. Ele nos escolheu para sermos consagrados como propriedade exclusiva dele. Não porque somos maiores, mas o Senhor nos ama e todo o bem que fazemos é uma pálida resposta que damos a ele. Somos um povo escolhido para a gratuidade de seu amor. Este amor deve ser correspondido. Nada se compara neste mundo com a beleza da criatura humana. Veja a beleza da tranquilidade de uma pessoa já idosa, já não tem mais ambição alguma, vive na simplicidade.

Sou guiada por Deus

Às vezes parece que Deus não se manifesta, mas Ele está sempre ao meu lado, caminha comigo. Devo procurar estar sempre presente na presença de Deus com confiança. Ele é a Luz que me conduz. Peço a Deus que me perdoe se, muitas vezes, não me faço presente à presença dele. Senhor meu Deus, quero caminhar sempre em vossa presença, sentir que sou vossa filha. Sei que o Senhor cuida de mim, mais ainda do que das aves. Quero ser um instrumento nas mãos Dele para que ele possa dispor de mim para o que quiser. Senhor, sei que sois meu Pai, eu confio em Vós e Vos amo. Ele me conduz, me guia, me acompanha, me protege, me segura pela mão, caminha comigo. Quero confiar no Senhor meu Deus e estar presa, como uma criança que segura a mão e caminha segura porque confia no Pai que é todo poderoso[58].

Somos escolhidos para vossa glória, Senhor

A meta da Igreja é a glória de Deus. O próprio homem deve ser a glória de Deus. O homem vivo é a glória de Deus, sua morte é para contemplar a glória[59].

– Nós vos damos graças por vossa imensa glória. Ler todo o livro de Tobias e depois perguntar quantas vezes eu encontrei um Anjo Rafael em minha vida? Muitas pessoas precisam de um Anjo Rafael. Será que já fui Anjo Rafael para alguém, será que estou sendo Anjo Rafael em minha vida, na comunidade? Posso ser Anjo Rafael de muitas maneiras, quero ser Anjo Rafael para minhas irmãs, no ambiente onde vivo e para todo mundo[60].

Quando alguém comete um erro, devo elevar a Deus e rezar juntos dando graças a Deus, se ajoelhar, adorar, amar a Deus dando graças. Minha vida é louvor e glória para Deus.

Deus sempre me acompanha na minha caminhada do dia a dia. Ele me guia, me conduz. «Eu te chamo pelo nome, és meu». Seria suficiente a gente ficar em contemplação meditando esta frase. Não existe maior oração do que se colocar na chaga de Cristo. Deus da aliança nos acompanha. Deus me acompanha em minha caminhada, ele me guia, me conduz. Devo fazer com mais entusiasmo tudo o que faço, porque ele é bom, é ele que conduz minha vida. Jesus é tudo para mim, é o sol que me guia, me aquece, me anima, me dá coragem nesta caminhada que logo chegará ao fim[61].

27 de setembro de 1988

Meu Jesus, sinto que está chegando o fim. Que mal-estar estou sentindo. As pessoas humanas não entendem, nem podem imaginar o mal-estar que estou sentindo, nem sinto a caneta com a qual estou escrevendo, mas sinto Jesus presente em mim, é Ele quem me dá força e coragem. Sofro tudo por amor a Jesus e para salvar as almas. Senhor Jesus, sou vossa para sempre na vida ou na morte, no sofrimento me ofereço toda a vós. Esta hora difícil é toda por vosso amor. Meu Jesus, eu vos amo, tomai conta de mim, quero sofrer bastante para salvar almas para Deus e depois descansar para sempre. Amém. Jesus, Maria e José, minha vida vossa é.

Retiro mensal de novembro de 1988

- Viver este mês de novembro como se fosse o último de minha vida.
- Aceitar cada irmã como se fosse o Senhor que está junto de mim, ver em cada uma a imagem de Deus.
- Em cada acontecimento, elevar os olhos a Deus e abrir os lábios em prece – «Tudo por vosso amor, Senhor».
- Pouca saúde, mal-estar, indisposição, tudo isso eu ofereço como oferta em holocausto ao Senhor, Ele é dono de tudo e sabe tudo. Sou vossa, Senhor, a vós me consagrei, por vós quero sofrer, me consumir e morrer neste mundo para vos louvar para sempre na eternidade sem fim. Amém.
- Ele quer o meu amor. Para Ele eu sou importante.

Deus me escolheu para seu amor, para louvor de sua glória, de sua graça. Ele me agraciou com sua graça, com seu Filho Jesus Cristo. Sou consagrada para seu amor para servi-lo para sempre, em seu amor quero me consumir, é por isso que não tenho saúde física, é para eu ir me consumindo dia por dia.

A cada dia sinto que minhas forças vão diminuindo. Quanta dor de cabeça senti neste dia, Senhor. Parecia-me estar chegando ao fim. Quanto sofri e foi por vosso amor, Senhor. Quanta renúncia, quanto sofrimento em silêncio, só vós sabeis, Senhor, por vós quero sofrer e morrer. Estamos no mês de dezembro, finalizando mais um ano e neste dia de retiro quero fazer meus propósitos de sofrer sem me queixar.

Junho de 1989 – Retiro mensal

«Tudo posso naquele que me conforta». O Coração de Jesus me convida a ter uma vida nova e ter um novo coração.

- O que devo mudar em minha vida?
- O que devo colocar em meu coração?
- Quais as graças que recebo todos os dias do Coração de Jesus? Quais graças aproveito para o meu crescimento espiritual e quais não aproveito?
- Neste mês de junho, o que vou viver de maneira concreta em minha Comunidade?

Todos nós temos fome de viver mais e melhor. Uma vida próspera e feliz é o ideal da humanidade. São muitos os caminhos empreendidos na história em busca de uma vida verdadeiramente melhor. E a nós, os homens famintos de vida, Jesus diz: «Eu sou o caminho, a verdade e a vida»[62].

Devo me esforçar para viver com entusiasmo, com alegria, com disponibilidade, me esforçando sempre para viver na presença de Deus, estar disponível e atenta às necessidades dos outros. Sofrer minha falta de saúde sem me manifestar aos outros. *Sofrer em silêncio, por amor a Jesus.* Aceitar minhas queridas irmãs da minha comunidade por *vosso amor, Jesus.* Ser amiga, caminhar junto dia por dia. Quero oferecer a cada instante meu mal-estar, minhas indisposições. «Senhor Jesus Cristo, tende piedade de mim».

Outubro de 1989
Retiro mensal para minha vivência deste mês

Deus me ama do jeito que eu sou. Devo ser Maria a todo instante. Sou importante no lugar onde estou, porque foi Deus quem me colocou aqui para servir meus irmãos e minhas irmãs de comunidade. Coloco minhas preocupações nas mãos de Deus. Maria, minha boa e santa mãe, hoje mais uma vez eu vos peço, eu confio em Vós que sois minha mãe e senhora nossa, assim como embaláveis e acariciáveis vosso Divino Filho Jesus, protegei a mim também. Eu creio, tenho confiança em vós e sinto vossa proteção para comigo. Sou mulher como vós, ó Maria, e entendo vossa delicadeza para com vosso Divino Filho. Eu também quero ser delicada e mulher de fé e sempre imitar vossas virtudes, sendo caridosa para com minhas irmãs, vivendo em paz e alegria em todos os acontecimentos da vida.

Senhor Jesus, me consagro toda a Vós, que todos os momentos de minha vida sejam para vos amar, servir e adorar meu Divino Mestre Jesus. Só a Vós quero servir e amar. Amar minhas irmãs em Jesus e por Jesus, servir cada uma por vosso amor, ó Jesus. Jesus, eu vos adoro na Eucaristia, nesta Hóstia Consagrada que é meu alimento de cada dia. Quero viver somente por vosso amor, sofrer e servir os outros com alegria. Agradeço, Senhor Deus Pai, pela minha vida de consagrada ao Senhor. Por vosso amor quero ser obediente, pobre e casta, somente para Vos servir e amar... Quero sofrer com alegria e paz minha pouca saúde, mal-estar, desânimo. Quero ser fiel à minha vida de consagrada, quero servir e amar só a vós, Senhor. Tudo para vós, ó Sacratíssimo Coração de Jesus. Meu Senhor e meu Deus... Maria, minha Mãe Maria, quero viver tua presença em minha vida.

Não é só o homem que faz a experiência de Deus. É, antes, Deus quem experimenta o homem, busca-o, perscruta-o, põe-no à prova. Deus é Pai e Criador, ama-nos infinitamente porque em nós vê a imagem de seu Filho. Cuida de nós. Conhece-nos profundamente. Foi «ele quem plasmou nosso coração e conhece todas as nossas ações». Por conseguinte, sabe também que esse nosso coração, ainda que «oferecido e consagrado», é muitas vezes uma mistura de interesses, preocupações, amores os mais diferentes e contraditórios. Há também Deus, sem dúvida, porém, não apenas ele e nem mesmo é o maior amor de nossa vida. Para isso,

DIÁRIO ESPIRITUAL

é preciso purificar o nosso coração. E é precisamente por isso que ele – Pai bom e misericordioso – visita-nos com as provações, quer dizer, coloca-nos em situações de deserto, de solidão afetiva, de rejeição por parte de alguém, de luta e sofrimento, de fracasso e de desilusão para que nos libertemos de nossos ídolos.

Com efeito, é na provação que vem à tona o que realmente temos no coração, o que é e o que não é autêntico. Ou seja, a provação revela nossa verdadeira fisionomia: nossos apegos a nós mesmos, ao nosso bom nome, aos sucessos, às pessoas e às coisas. Neste conhecimento mais verdadeiro e realista de nós mesmos, em que as ilusões desaparecem e não nos desorientam mais, a voz de Deus fala e nós podemos ouvi-lo.

Fazemos experiência de Deus quando descobrimos sua palavra, seu modo inconfundível de agir e começamos a entender que nos convém deixá-lo agir livremente, embora isso nos possa doer. Não existe verdadeiro conhecimento de Deus que não nasça da solidão de um deserto e não amadureça entre as dificuldades da provação. Tudo isso – deserto e prova – é, no entanto, dom do amor de Deus, porque «Deus repreende os que ele ama, como o pai, o filho preferido»[63]. Quem nunca «sofreu» Deus, não o pode conhecer nem amar.

Se sou filho-servo, então não tenho mais medo de perder minha dignidade quando me ponho a servir, quando perco meu tempo pelos outros, quando «lavo os pés» de um irmão. Se sou filho-servo, não devo estranhar quando a vida pede de mim que de fato eu me coloque à disposição, que me esqueça, que eu deixe de ser gregário, mas seja capaz de dar uma mão, de substituir e de ser substituído. Se eu sou filho-servo, sou livre de finalmente doar-me sem esperar recompensas, livre de ver o positivo da vida, aquele muito que já recebi, sem queixar-me por aquilo que não tenho, sou livre diante das coisas, sem a avidez de querer possuí-las, porque tudo me foi doado.

Um religioso que não viva em profundidade a vida espiritual, nunca poderá ter uma ideia clara nestes assuntos. Por isso mesmo, tampouco poderá falar deles com segurança. Pelo contrário, um superior-formador que sinta por Jesus Cristo um grande amor, inevitavelmente contagiará seus subalternos com esta força de vida. Quando a sabedoria popular afirma que a boca proclama a riqueza do coração, indica igualmente que da qualidade do discurso é possível deduzir qual é a qualidade do coração. Por conseguinte, o homem é o que são os seus sentimentos. A qualidade dos sentimentos nasce da qualidade dos pensamentos habituais. O resultado destes pensamentos habituais passa a ser uma ideia-força que determina a orientação no agir e, pois, a orientação do comportamento da pessoa.

Retiro mensal de junho de 1991

Neste mês dedicado ao Sagrado Coração de Jesus, Madre Clélia me aconselha a viver no amor e confiança procurando reparar as ofensas que Jesus recebe. Nossa reparação é uma participação na reparação de Cristo, em sua luta contra o mal e em sua obra de amor. O que preciso mesmo é ser uma alma de Deus, vivendo Dele, com Ele, por Ele. Deus não me chama para ser uma pessoa ativa em querer fazer tudo, Deus me chama para viver em *amor, glória* e *reparação*. O mundo é um filho pródigo e eu faço parte deste mundo. O Coração de Jesus é Divina misericórdia. Neste mês de junho devo viver com mais amor, entusiasmo, alegria no serviço aos meus irmãos, fiel ao vosso amor, Senhor.

Revisão de vida

– Tempo de preparação.

– Assunto que vamos revisar.

– Tempo e dia em que vamos fazer.

A revisão de vida é um ato religioso. Tem como finalidade a purificação em seu sentido espiritual, a ajuda mútua espiritual, o crescimento da vida comunitária, o conhecimento recíproco, o amor mútuo, a solidariedade com todos os outros, a confiança de uns nos outros. Mas tudo isso deve ser feito em um clima de oração, deve ser feito como a oração da qual todos os outros participam, compartilhada, repartida, com a diferença de que aqui ninguém fala diretamente com o Senhor, mas sim com os homens, com as companheiras, são manifestações individuais. Além de cada um falar de si mesmo, pode falar também do estado geral da comunidade: como a vê, como a sente, mas sem acusar nem atacar ninguém.

Revisão de vida, 27/06/91

Senhor Jesus, creio que estais presente no meio de nós, pois dissestes: «Onde dois ou três estiverem reunidos para rezar, eu estarei no meio deles». Vós sabeis, Senhor, o quanto sou fraca, mas vós sois o Senhor. Eu acredito que Deus Pai habita dentro de minha alma e em cada coirmã minha aqui presente.

Deus nos ama do jeito que somos. Sou importante no lugar onde estou. Sei que Jesus se encarnaria mesmo que não houvesse pecado. As minhas Constituições têm um artigo que durante muitos anos é uma luta para mim, todos os meses entra este propósito junto com outros. Ainda é uma grande luta o artigo 115 onde devo viver testemunhando amor, doçura, mansidão, humildade e alegria. Sempre me custa muito. As lutas são diárias desde o começo de minha vida religiosa e vejo que ainda falto muitas vezes e, porque falto, sei que prejudico também minhas coirmãs. Sei que quem ama repara, quem doa com alegria vive feliz e transmite paz, glória e amor do Coração de Jesus. Se eu me tornar mais humilde servirei melhor minhas irmãs e Jesus será glorificado. Se eu me tornar mais mansa ao meu redor, muita gente se sentirá melhor. Queridas irmãs, a vida é uma constante luta.

Devo me esforçar para viver com entusiasmo, com alegria, com disponibilidade, me esforçando sempre para viver na presença de Deus, estar disponível e atenta às necessidades dos outros. Aceitar minha falta de saúde sem me queixar e não me manifestar aos outros, sofrer em silêncio por amor de Jesus. Aceitar minhas queridas irmãs da minha comunidade por vosso amor, Jesus. Ser amiga, *caminhar juntas* nas lutas de cada dia.

Retiro mensal de julho de 1991

O maior inimigo de mim mesmo sou eu. Devo me libertar de mim mesmo para dar espaço à Santíssima Trindade dentro de mim. Devo encarnar a Santíssima Trindade dentro de mim e ser contemplativa. Sou criada à imagem de Deus, templo do Espírito Santo, devo cuidar desta herança do pecado original que carrego comigo, ser liberta para deixar Deus agir dentro de mim. Repetir muitas vezes durante o dia: meu Jesus, eu vos amo e meu coração vos deseja. Devo procurar ser humilde, não querer aparecer e fazer os trabalhos mais simples. Em cada humilhação que passo devo dizer: Senhor, tudo por vosso amor, quero viver somente para vos amar e servir.

Procurar contemplar o Senhor. Deus ama as pessoas escolhidas que chegaram à contemplação. Devo abrir o espírito para Deus, abrir o espírito para que Deus faça morada dentro de mim. Foi Deus quem me escolheu para viver uma vida mais perfeita. Devo descobrir quem sou eu, isso só será possível pela humildade. A oração deve ser para mim como um telefone com o qual me comunico com Deus e posso falar à vontade que ninguém me interrompe. Diante de Deus sou aquilo que sou diante das criaturas.

Jesus me purifica com seu preciosíssimo Sangue. Devo procurar viver na alegria e recorrer a Jesus em todas as situações de responsabilidades de cada dia. O que não consigo resolver, o Senhor fará por mim. Ele é o Senhor, eu sou sua humilde serva com muita pouca capacidade de resolver os problemas. Devo abrir o meu coração para me unir a Jesus Cristo sentindo a força de Deus em minha alma, sendo guiada pelo Divino Espírito Santo enquanto estou neste mundo, para depois, em breve, viver na eternidade para sempre. Amém.

Agosto de 1991 – Retiro anual
A missão apostólica – Padre Galache
Primeira meditação
– Evangelho segundo São João 3, 1-21
– Nicodemos
Minha reflexão

Ninguém subiu ao céu senão aquele que desceu do céu[64]. Jesus fala das coisas terrenas, eu estou neste mundo pelos planos de Deus Pai. Jesus veio a este mundo para salvar a humanidade. Se eu estou ainda no mundo é para fazer a vontade de Deus. Sinto que Deus está dentro de mim, Ele veio habitar no meu Batismo, na minha Consagração religiosa. No mundo eu vivo para servir e amar a Deus. Deus amou tanto o mundo que deu seu Filho Jesus para nos salvar. Jesus é a Luz que ilumina meu caminho e por este caminho iluminado pela Luz sou conduzida para caminhar dia após dia com Jesus ao meu lado, presença que me conduz neste mundo para estar disponível e servir. Sinto a presença de Deus dentro de minha alma, sinto uma paz que envolve todo o meu ser dizendo dentro de mim: Deus Pai é a verdade, por isto sou livre para viver, servir e amar.

O Espírito me conduz, envolve todo o meu ser e me deixa em paz. A paz que sinto dentro de mim é a do Espírito que me conduz, ele me guia. Senhor Jesus, mostrai-me o Pai. Deus Pai, eu quero fazer a vossa vontade, viver neste mundo somente para vos amar e servir nesta minha caminhada. Neste mundo quero caminhar em vossos passos, Senhor, para vos servir e amar. E depois no céu Senhor, para vos amar para sempre.

Evangelho segundo São João 15, 1-8
Segunda reflexão

Jesus me fala que Deus Pai é o Senhor de tudo, nós somos um raminho dele e devemos dar fruto senão o Pai corta, Ele poda para que dê mais frutos. Deus é meu Pai que me criou por amor, sou filha predileta, embora pequena, cheia de defeitos, mas ele é o Senhor, o que importa é que ele é meu Senhor e meu Deus. Devo permanecer sempre no Senhor, quero viver sempre no amor de Deus Pai servindo-O na alegria, na paz e na esperança de um dia chegar junto dele na vida eterna.

Segundo dia – 28/08/91
Segunda Epístola do Apóstolo São Pedro 2, 4

Deus não poupou os anjos que pecaram, os precipitou nos abismos tenebrosos do inferno onde reserva-os para o julgamento. Senhor, também eu pequei contra Vossa majestade, por isso me arrependo e choro meus pecados. Foi contra vós, Senhor, que eu pequei, quando não aceitei minha coirmã do jeito que ela é, quando não tive paciência nas dificuldades, quando não amei verdadeiramente as pessoas com quem eu vivi e vivo.

Ato dos Apóstolos 12, 1-13. Ibid. 18, 7-20

Devo me cuidar porque o demônio está solto neste mundo para me atacar e quantas vezes dei ouvidos a ele. O demônio vive neste mundo atacando os homens e quantos estão do seu lado. Devo ser uma pessoa que luta todos os momentos comigo mesma e reparar toda a humanidade. Devido ao pecado de nossos primeiros pais, somos sujeitos ao pecado. Mas eis que vem Jesus para me perdoar.

Evangelho segundo São João 13, 21-30 – Judas traiu Jesus

Senhor Jesus, perdão por todas as vezes que pequei contra Vós. Meu Jesus, perdão e misericórdia pelos merecimentos de vossas santas chagas. Jesus perdoa sempre. Ele é o Senhor. Senhor Jesus, eu Vos peço que não me abandoneis nunca, sem a Vossa ajuda como conseguirei vencer as tentações. Ele ainda falava, quando apareceu uma multidão de gente e à testa deles vinha um dos 12 que se chamava Judas. Achegou-se de Jesus para beijá-lo. Jesus perguntou-lhe: «Judas, com um beijo trais o Filho do homem»[65]?

Baruc 1,15: uma linda oração. E Baruc 3, 8: «Olhai! Aqui vivemos em um exílio, para onde nos dispersastes, a fim de sermos objetos de opróbrios, de insultos e maldições e para carregarmos o peso das culpas de nossos pais, que haviam abandonado o Senhor, nosso Deus». Pequei, Senhor, foi contra Vós. Pedi perdão por todos os meus pecados e de minha comunidade, de todos os religiosos e de toda humanidade. Louvei, agradeci e me entreguei ao Senhor dizendo: fazer vossa vontade, meu Deus, é o que me agrada, porque vossa lei está no íntimo de meu coração.

29.08.91 – Primeiro momento, primeira meditação
Ezequiel 37, 1-14 – Os ossos dissecados
À procura de um Salvador (G. S.)
Minha reflexão

É o Senhor quem me dá a vida e me conduz, sem Ele eu nada sou. Se não fosse a graça de Deus eu seria apenas um monte de ossos perambulando pelo mundo afora. Mas se sou alguma coisa é porque o Senhor me conduz, me segura pela mão.

A tempestade acalmada
Evangelho segundo São Mateus 8, 23-27

Durante a tempestade, os Apóstolos tiveram medo. Durante minha vida religiosa, quantas vezes tenho medo de ser e dizer as verdades. Nas dificuldades, nas horas difíceis, não sou forte e sofro muito porque não tenho ainda aquela fé e confiança que Jesus está em meu barco e pode me ajudar. É por ele que eu vivo, trabalho e faço tudo o que faço.

Jesus é a salvação
Evangelho segundo São Marcos 1, 14-15

«Completou-se o tempo e o Reino está próximo: fazei penitência e crede no Evangelho». Jesus é o meu Rei, eu pertenço a este reino, devo viver com Jesus já aqui na terra com todas as dificuldades, tendo Jesus como meu maior e melhor amigo a me proteger e me ajudar para viver já o Reino na terra, embora com todas as angústias, para depois poder viver na eternidade.

O Bom Pastor
Evangelho segundo São João 10, 1-18

Jesus é o bom Pastor, eu sou sua ovelha. Jesus me conduz para seu rebanho, nada devo temer. Ele me protege, me conduz, me ajuda em todas as horas difíceis que devo passar. Devo recorrer sempre ao Senhor, Ele caminha ao meu lado. Quando me parece que tudo está escuro, Ele o Senhor me clareia o caminho onde devo andar me dando a mão. Ele é o meu Senhor que me conduz. O Senhor conhece suas ovelhas. O Senhor me conhece, sabe como eu sou. Devo confiar no Senhor e ser muito positiva porque sinto a presença do Senhor que me conduz.

Seguir Jesus até à cruz
Evangelho segundo São João 6, 67-71

«Senhor, a quem iríamos nós? Só vós tendes palavras da vida eterna». Creio, Senhor e, custe o que custar, quero vos seguir, não importam as dificuldades, as cruzes, quero vos seguir nem que sejam somente cruzes. Senhor, sois o Santo de Deus Pai, eu sou pequena e mesquinha, mas Vós sois grande e, embora sendo pequena e pecadora, me sinto feliz porque tenho Deus Pai que é o dono de tudo.

Evangelho segundo São Mateus 19, 27-30

Senhor, deixei meus queridos pais e irmãos que eu tanto queria bem, sofri muito, mas não importa, hoje sou muito feliz e por mais que o mundo me ofereça bens, prefiro e quero vos seguir, Senhor, custe o que custar.

Jesus Cristo é o Senhor
Epístola de São Paulo aos Filipenses 2, 5-11

Deus Pai proclamou seu Divino Filho. Jesus é o Senhor. Ele é o Senhor que me ama e me conduz. Se eu estou neste mundo é somente para servir e amar o Senhor, respeitando e amando meu próximo que também é um ramo deste meu Senhor. Devo ter sempre presente a presença de Jesus amando as irmãs com quem vivo.

Epístola de São Paulo aos Romanos 12, 1-2

«Eu vos exorto, pois, irmãos, a oferecerdes a Deus vossos corpos». Devo oferecer a Deus todo sacrifício, pois pertenço a Ele, pela minha consagração religiosa. Lembrar sempre que as coisas deste mundo passam, somente Deus permanece para sempre. Descobrir sempre qual é a vontade de Deus.

Primeira Epístola de São Paulo aos Coríntios 1, 18-31

A linguagem da cruz é loucura para os que se perdem, mas para os que foram salvos, para nós, é uma força Divina. Tudo o que eu sou, o que penso, o que faço vem da força Divina, por isto devo gloriar-me na cruz de Jesus Cristo. «Quem se gloria, glorie-se no Senhor».

Evangelho segundo São Mateus 8, 18-22

«O filho do homem não tem onde reclinar a cabeça». Se eu aceitei seguir a Jesus não devo me preocupar com o dia de amanhã, estar sempre disponível, não me preocupando para onde os superiores irão me mandar no próximo ano.

Evangelho segundo São Mateus 16, 13-16

E vós, quem dizeis que eu sou? Simão Pedro respondeu: «Tu és o Cristo, o Filho de Deus vivo»! Quem sou eu para Jesus? Devo ser uma apóstola entusiasmada, seguir a Jesus com todo amor, me realizar com autenticidade sendo fervorosa, viver na alegria, testemunhando Jesus e servir.

Epístola de São Paulo aos Filipenses 3, 7-14

Na verdade, julgo como perda todas as coisas em comparação com esse bem supremo: o conhecimento de Jesus Cristo, meu Senhor. Por ele, tudo desprezei e tenho em conta de esterco a fim de ganhar Cristo.

Eminência de Cristo
Epístola de São Paulo aos Colossenses 1, 15-20

«Ele é a imagem de Deus invisível, o primogênito da criação». Nele foram criadas todas as coisas. Pelo seu sangue na Cruz, restabeleceu a paz a tudo quanto existe na terra e nos céus. Ele é o meu Senhor, nele posso confiar porque é dono de tudo o que existe, nada devo temer porque é o Senhor que me conduz.

O homem velho e o novo
Epístola de São Paulo aos Efésios 4, 17-24

Tornei-me discípula de Cristo para deixar o homem velho, minhas más inclinações. Para viver como Apóstola do Sagrado Coração de Jesus sendo fiel aos meus compromissos de consagrada, embora, às vezes, sinta tendências do mundo, mas com grande esforço luto para vencer e depois me vem a paz, aquela paz que sinto que só o Senhor me dá, uma tranquilidade imensa que sinto vivendo unida ao Senhor.

> Cristo me convida a segui-Lo,
> devo sempre morrer a mim mesmo.

Sinais de uma Nova Ordem
Evangelho segundo São Mateus 4, 16-22

Jesus caminha ao longo do mar e chama um por um. «Este povo que jazia nas trevas viu uma grande Luz». Jesus é a grande Luz do meu caminho, me chamou como chamou os Apóstolos, continua me chamando cada manhã. Ao me acordar, escuto seu chamado e eu digo: vamos, Irmã Domícia, o Mestre me chama para segui-Lo, servir na alegria e no amor mais este novo dia. Obrigado, Senhor!

A missão dos 12 Apóstolos
Evangelho segundo São Lucas 9, 1-2

Reunindo Jesus os 12 Apóstolos, deu-lhes poder e autoridade.

O Reino da liberdade
Evangelho segundo São Lucas 4, 16-22

Jesus pregava com sabedoria e graça. «O Espírito do Senhor está sobre mim, pelo que me ungiu e enviou-me para anunciar a boa nova aos pobres, para sarar os contritos de coração, para anunciar aos cativos a redenção, aos cegos a restauração da vista, para pôr em liberdade os cativos, para *publicar o ano da graça do Senhor*».

1.　　Anunciação:

Evangelho segundo São Lucas 1, 26-38.

Evangelho segundo São João 1, 1-18.

Primeira Epístola do Apóstolo São João 1, 1-4.

Epístola de São Paulo aos Hebreus (toda).

2.　　Nascimento:

Evangelho segundo São Lucas 2, 1-38.

Segunda Epístola de São Paulo aos Coríntios 3, 18.

Epístola de São Paulo aos Efésios 1, 9-10.

As coisas de Deus são tão grandes que eu, tão pequena, não sou capaz de entender. O agir acompanha a onipotência de Deus. Quando chegou a plenitude de Deus, a força do Espírito Santo está na terra e esta terra é santa porque Deus se fez carne e habitou aqui conosco nesta terra. Cristo fez tudo por mim, o que eu faço por ele? Fiz voto de castidade para amar mais.

Evangelho segundo São Lucas 1, 26-38

Maria estava em oração quando o Anjo lhe apareceu trazendo o recado de Deus Pai, comunicando-lhe a grandeza do Espírito Santo sobre Ela que seria a Mãe do Salvador Jesus. Maria, com que segurança e fé conseguistes neste momento tão decisivo de vossa vida, dar o vosso «sim». Merecestes esta graça porque já éreis toda de Deus. Imagino o Anjo a vosso lado vos saudando. Que cena maravilhosa, que ato tão sublime.

Evangelho segundo São João 1, 1-18

«E o Verbo se fez carne e habitou entre nós e vimos sua glória, a glória que um Filho único recebe de seu Pai, cheio de graça e de verdade».

Encontro de Jesus com as mulheres
Samaritana: Evangelho segundo São João 4

1. Oração que transforma a vida.
2. Diálogo que salva.
3. Diálogo que valoriza.
4. Diálogo que faz crescer.
5. Água que satisfaz.
6. Água que se transforma em fonte.

Ressurreição de Lázaro: Evangelho segundo São João 11.

Adultério: Evangelho segundo São João 8, 1-11.

Pecadora: Evangelho segundo São Lucas 7, 36-50.

Maria: Evangelho segundo São João 20, 11-18.

Jesus aceita-a como ela é neste momento, Cristo respeita sua caminhada, Cristo leva a Samaritana ao Pai e a transforma em uma missionária. O diálogo mostra a grande liberdade de Jesus que salva. Cristo não olha o passado, mas o presente, o que está acontecendo agora no momento presente. Não contar nada do que já passou, Deus é presente, Deus valoriza o momento presente, o que passou, passou. No diálogo, Jesus é livre, ele se importa em salvar esta mulher. O mais importante para Cristo é o amor. Diálogo não só que salva, mas valoriza. Samaritana – o verdadeiro amigo é aquele que conhece os seus defeitos e aceita. Quando damos nosso tempo aos outros já estamos valorizando. Se Jesus perde seu tempo comigo é porque eu valho alguma coisa, Jesus me ama. A segurança da Samaritana é que Jesus deu seu tempo para ela. A segurança da Samaritana veio da confiança que Jesus depositou nela. Muitas vezes é preciso aceitar para que o outro se realize. O que estou fazendo aqui, é aquilo que Deus quer.

31/08/1991 – Eucaristia

Evangelho segundo São João 13, 1-38.

Evangelho segundo São Lucas 22, 14-20.

Evangelho segundo São João 6, 22-71.

Primeira Epístola de São Paulo aos Coríntios 11, 17-34.

Agonia de Jesus – Beijo de Judas

Evangelho segundo São Lucas 22, 39-53.

Crucificação

Evangelho segundo São João 19, 16-37. Ele nos amou até o fim, até as últimas gotas de sangue. A pessoa amadurecida sai sempre de si para doar ao outro. Cristo foi uma pessoa totalmente amadurecida. Jesus mostra ao mundo como o Pai nos ama. A Eucaristia é o sacramento dos nossos altares. Cada Missa é o sacrifício do Calvário. Na Eucaristia se consome tudo o que sou, até minhas faltas. A harmonia por dentro é que nos faz descansar. A Santa Missa é a força que nos liberta. A Eucaristia é um relax onde vamos buscar mais forças para o nosso dia a dia.

Maior que o pecado é o Coração de Cristo. O sangue de Cristo exprime o amor total. Exemplo de amor que tem pela criatura: Jesus se ajoelha diante dos Apóstolos. Quem se deixar amar é como criança e Pedro não se deixava amar, compreenderá mais tarde. Cristo quer nos ensinar, «Eu vos amei»: deixar Cristo lavar meus pés. Cada um é aquele que eu não aceito, por quem sinto antipatia, é Cristo de joelho diante de cada pessoa que não aceito.

Jesus passou por este mundo. Neste mundo em que eu vivo passou o Salvador. Devo amar o mundo e odiar o pecado. Jesus não nos deixou sozinhos, mas deixou-nos a Eucaristia, que é nosso alimento espiritual, dizendo: «Quem comer o meu corpo e beber o meu sangue terá a vida eterna». A Eucaristia me dá força em minha caminhada. A Eucaristia é o meu alimento espiritual que me dá força e coragem para as lutas de cada dia. Devo ser fiel e nas horas difíceis ir até o Sacrário e conversar com Jesus. São as horas de maior paz e alegria que devo passar em adoração a Jesus Eucarístico.

Jesus derramou todo o seu sangue pela minha salvação e de toda a humanidade. Devo estar sempre unida a Jesus, vivendo em glória, amor e reparação ao Sacratíssimo Coração de Jesus, entrar em sua chaga, nesta chaga de amor, viver unida a Jesus todo instante de minha vida, sofrer por amor em reparação de todos os pecadores.

Jesus nos deu Maria como mãe. A exemplo de Maria devo viver. Quando Jesus foi crucificado, estava junto à cruz sua Mãe Maria. E Jesus, olhando para João e Maria, disse à sua Mãe: «Mulher, eis aí teu filho».

Depois disse ao discípulo: «Eis aí tua Mãe». Desta hora em diante o discípulo levou-a para sua casa. Com estas palavras Jesus nos dá Maria para ser nossa mãe, mãe de toda a humanidade, mãe da Igreja. Sim, Maria é nossa mãe que intercede por nós junto ao Pai. Maria caminha conosco, protege-nos. Ela é a nossa protetora.

Evangelho segundo São João, capítulos 20 e 21

Madalena vai correndo à procura dos Apóstolos para anunciar que Jesus não estava no túmulo e dizia: «Retiraram do sepulcro o corpo de Jesus». Jesus aparece várias vezes para os discípulos depois de sua morte e cada vez deixava os discípulos mais animados. Quantas vezes Jesus se manifesta a mim através de sua Palavra no Evangelho, nas leituras, nas palavras da Madre fundadora. Eu, o que tenho para dizer para o Senhor neste meu último dia de retiro é que quero estar disponível para o Senhor fazer de mim o que Ele quiser, quero estar nas mãos de Deus seja onde for e jamais quero ofender o Senhor com um pecado grave. Quero ser fiel à minha vida de consagração. Peço, Senhor, antes morrer do que ser infiel à minha vida de obediência, castidade e pobreza. Tomai-me, Senhor, quero ser vossa para sempre. Desejo estar a serviço do meu Instituto e da Igreja e que minha vida seja para a salvação do mundo e se vós quiserdes me dar a morte pela salvação do mundo, eu aceito.

Retiro mensal de setembro de 1991
Palavra de Deus em nossa vida
Plano de Deus em nossa vida

Na lei antiga, Moisés se comunicava com Deus. A Lei Antiga era uma preparação para a Nova Lei, a vinda do Messias. O plano de Deus se realiza em Jesus Cristo, que não é profeta, mas Deus mesmo, Jesus pessoa divina. Muitos milagres de Jesus foram feitos para provar que Ele era Filho de Deus vivo. Somos mais filhos de Deus que nosso próprio pai da terra que nos gerou. Ele nos adotou como filhos. Deus se alegra conosco e não castiga. Devemos viver esta fé no plano de Deus, na filiação Divina que deve ser alimentada pelos sacramentos. Deus quer que participemos de sua felicidade, para isto é que nos criou. Deus fez uma ligação conosco, tudo pode ir muito bem na vida, mas se não se tem a

Palavra de Deus, não vai bem. Devo amar muito. Deus é nosso bom Pai, devemos tocar nas pessoas que representam Jesus[66].

A chave para o autêntico conhecimento é o *Amor*. Deus nos diz: «Eu te conheço pelo nome». Ele penetra todo o nosso ser, sabe a nossa história, compreende os nossos desânimos e os nossos entusiasmos. Devo crer profundamente em Deus Pai que me ama profundamente.

«Como nunca busco a mim mesmo, levo a vida mais feliz do mundo». O amor torna todas as coisas agradáveis, fáceis e doces. Estas são palavras de Santa Teresinha e também eu vivo assim – sou feliz porque coloco minha vida à disposição do Senhor, é ele que me transforma a viver unicamente para servi-Lo, por isto sou feliz.

Minha saúde está abalada, pela manhã estou um trapo, minha memória falha, minha cabeça gira, minha visão escurece. Vou vivendo à base de aspirina. Mas me sinto impressionantemente bem para servir ao Senhor. Para mim, que estou envelhecendo e com pouca saúde, o melhor é dizer: eu vou bem e estou mais perto, mais próximo de ir para a eternidade. 31.05.1992. Irmã Domícia.

Minha contemplação no retiro mensal de junho de 1992

Jesus nos disse: «Eu sou o caminho, a verdade e a vida»[67]. É este caminho, Senhor, que eu devo seguir dia por dia sem me queixar, sem reclamar, é para vós que eu vivo. Vós sois a Luz no meu caminho. Vós me conduzis nesta longa caminhada. Quero cantar os vossos louvores,

Senhor, na simplicidade e no silêncio do sol que nasce a cada dia sem fazer barulho. Quero ser presença ao lado das pessoas que precisam. Senhor, dai-me olhos de criança, olhos que se maravilhem diante das vossas obras, coração puro para vos amar sem medidas e preconceitos.

Eu dou minha vida por minhas ovelhas. O Pai me ama, porque eu mesmo dou a minha vida. Ninguém me tira a vida, mas eu a dou voluntariamente[68]. A vida que Jesus dá enche o coração do homem como nenhuma outra coisa, nem ninguém, pois o nosso coração é feito para Ele e não descansa enquanto não chegar a Ele. Meu Senhor e meu Deus, eu sou toda vossa meu Senhor e por vós quero viver e morrer. O Senhor é meu Pastor e nos seus braços quero repousar. Nas horas difíceis, meu Senhor, conduzi-me pela mão, eu sou vossa para sempre, meu Senhor.

Retiro mensal de julho de 1992
Minha contemplação e vivência deste mês
Evangelho segundo São João 2, 1-12

Maria, eu quero ser um bom vinho por todo lugar onde eu passar. Quero ser religiosa para servir como aquele vinho bom que dá alegria. Quero viver na alegria de servir ao Senhor nas pessoas com quem estou vivendo. Maria disse: «Fazei o que ele disser», enchendo as seis talhas de água para serem transformadas no vinho. Maria, eu vos peço que estejais sempre presente em minha vida – nas horas difíceis para que eu sempre consiga servir o próximo com alegria e por amor a vosso Divino Filho Jesus. Jesus, tocai, por favor, meu coração partido, com o amor do vosso Sagrado Coração. Fazei, em um sentido místico, um verdadeiro transplante de coração. Vós prometestes que se eu fosse a vós com meus pesados fardos, vós me aliviaríeis, pois «o vosso jugo é suave e o vosso fardo é leve»[69].

Retiro mensal – agosto de 1992
Tema: tu amarás o Senhor teu Deus[70]

Ser fiel ao amor divino. Crescer nesse amor. Devo me esforçar cada dia para viver no amor. Dedicar um tempo para conversar com o Senhor, deixar todas as minhas ocupações e preocupações e estar com o Senhor. Foi Deus Pai quem me amou primeiro e continua me amando. Devo me esforçar para estar sempre na presença do Senhor. Deus é meu Pai e é a razão do meu viver, de minha vida de consagrada. Sou feliz porque sinto que o Senhor me ama, me protege e me acompanha. Que eu jamais me separe de Vós, meu Senhor e meu Deus. Quero colocar todo o meu esforço para dar a cada dia minha resposta ao Senhor. Minha vocação é um presente que recebi das mãos de Deus. Devo cultivá-la com muito amor e dedicação. Com alegria quero caminhar levando comigo o desejo de servir e me doar por amor às minhas irmãs de caminhada.

Retiro mensal de setembro de 1992

«Outra, porém, caiu em terra boa, tendo crescido, produziu fruto cem por um»[71]. «A vossa Palavra, ó Deus, é uma lâmpada para meus passos»[72]! Senhor, abri meu coração para que a vossa Palavra nele se derrame como a chuva mansa em terra seca. Ajudai-me a penetrar no mistério da vossa *Palavra* e nela encontrar a *Vida*. Que, como Maria, eu saiba guardá-la em meu coração e vivê-la em todas as situações de minha vida. Vossa Palavra, Senhor, é uma luz no meu caminho.

Retiro mensal de outubro de 1992

Os religiosos são como que projetados para o «outro», a exemplo não de uma pessoa qualquer, mas do modelo inatingível. Deus Pai! «Sedes perfeitos como nosso Pai Celeste é perfeito». A caridade impele-nos a sair de nós mesmos e a nos aproximarmos do outro. A caridade é fogo abrasador, queima tudo e todos, une, funde, estabelece comunhão. A caridade abre ao amor de Deus e ao dom de si mesmo aos irmãos[73].

Madre Clélia viveu assim a radicalidade evangélica. Foi como um braseiro sempre ardente de amor. Ter um grande desejo de amar a Deus cada vez mais. Para Madre Clélia não existe um limite para o amor. O mesmo deve acontecer conosco. Devo me esforçar muito para ter um grande amor em minha vida de consagrada. Uma grande caridade – não importa que eu diminua, o importante é que Cristo seja amado e glorificado.

Retiro mensal de fevereiro de 1993, dia 14.02.1993

No Documento XIII, capítulo geral, nossa Madre Fundadora diz: «A Apóstola é chamada a seguir as pegadas de Cristo, conforme o exemplo dos Apóstolos». Sou Apóstola, recebi este chamado de Jesus para segui-lo. Jesus me mandou, me ofereceu este Instituto para servi-Lo com amor. Sou consagrada ao Senhor, nesta consagração pertenço toda ao Senhor e estou disponível a serviço do Instituto. Devo viver, a exemplo dos Apóstolos, desapegando das coisas terrenas, estar disponível a serviço da Igreja, do Instituto, fazendo tudo para servir o próprio Senhor Jesus Cristo. Meu esforço neste mês é viver a presença do Senhor em tudo – fazer mais visitas a Jesus Sacramentado para estar mais unida a Ele. Nas dificuldades, ter mais confiança e viver em paz. O Senhor está comigo, não devo temer, Ele me protege sempre.

Retiro mensal de março de 1993, dia 14.03.1993

Madre Clélia me diz: «Sobe, filha, o teu Calvário até o cume, com generosidade e constância». Para sermos discípulas do Senhor, temos de seguir o seu conselho: «Se alguém quiser vir após mim, renuncie a si mesmo, tome a sua cruz e siga-me». Não é possível seguir o Senhor sem a Cruz. O Senhor diz para mim hoje e sempre que para ser sua discípula devo carregar minha cruz de cada dia e segui-Lo com amor e muita paciência. Carregar a Cruz, aceitar a dor, as contrariedades que Deus permite para minha purificação, cumprir com esforço os deveres de cada dia, ser fiel nas pequenas coisas, viver a presença do Senhor a todo o momento, sofrer em silêncio, não ter medo da Cruz que o Senhor me oferece, pois quem quer a Cruz para mim é o Pai que me ama e sabe que é para o meu bem. Quero viver nesta quaresma a mortificação de cada dia esquecendo todas as comodidades. Quero ser grão de trigo moído para oferecer ao Senhor um trigo mais puro e que o Senhor abençoe o meu trigal para que venham espigas bem graúdas.

Retiro mensal de abril de 1993

A paixão de Nosso Senhor Jesus Cristo me convida a viver, com muito amor, minha vida de consagrada ao seu Sacratíssimo Coração e a beber do seu Sangue preciosíssimo a jorrar por mim. Meu Jesus, se vós morrestes por mim, eu acredito na vossa imensa misericórdia para comigo. Quero viver somente para vos servir e amar. O Senhor está firmemente pregado na Cruz. Maria, sua mãe, contempla a cena. Jesus está suspenso na Cruz. Ao seu redor, o espetáculo é desolador: alguns passam e injuriam-no, os sacerdotes zombam dele e outros, indiferentes, simplesmente observam o que está acontecendo. Muitos dos presentes o tinham visto abençoar, pregar uma doutrina salvadora e mesmo fazer milagres. «Tudo o que Ele sofreu e padeceu é o preço do nosso resgate»[74]. Não se contentou em sofrer alguma coisa: quis esgotar o cálice para que compreendêssemos a grandeza do seu amor e a baixeza do pecado, para que fôssemos generosos na entrega, na mortificação, no espírito de serviço. Senhor, na minha caminhada, eu estou me esforçando para levar minha Cruz com alegria, me esforçando para ser fiel em minha vida de consagrada. Fiz o propósito de viver com mais amor a vossa presença em todo momento.

Na hora do sofrimento

Senhor Jesus, minha vida de consagrada é inteiramente para vos amar e servir. Quero viver na alegria de vos servir. Senhor, minha saúde é pouca, me ofereço toda a vós, minhas angústias, o mal-estar que sinto. Quero esta Cruz que me destes, aceito levar com amor todos os dias que me restam. Na minha caminhada, sinto, Senhor, vossa mão que me protege, que me abençoa, que me dá coragem. Ofereço todo o meu sofrimento para a glória, o amor e a reparação ao Sacratíssimo Coração de Jesus e pela conversão dos pecadores.

Maria, minha boa Mãe e Mestra, sois minha companheira, protegei-me, minha Senhora e dizei a Jesus por mim que eu *O amo* e quero servi-Lo sempre no amor e na alegria. Concedei-me, minha Santa Mãe Maria, a graça de uma boa morte, embora sendo frágil e pequena, mas o Senhor é grande e todo-poderoso, eu confio na Divina Misericórdia de Jesus para comigo. Madre Clélia, lá do céu, intercedei a Jesus por mim, que sou filha deste querido Instituto que vós tanto amastes e sofrestes para que hoje possamos viver nele amando e servindo ao Sagrado Coração de Jesus nosso Patrono.

Retiro anual de maio de 1993
Meu projeto anual e para renovar-reviver mensalmente

Jesus, vós sois tudo para mim. Estou aqui em vossa presença para vos adorar, louvar, reparar e servir-vos para sempre. Madre Clélia viveu uma vida de ascese, eu, sua filha, devo também fazer e viver uma ascese que transforme minha vida de Apóstola, consagrada ao Coração Santíssimo de Jesus.

* Ser dócil às inspirações de Jesus, tornando sempre presente em todos os momentos a presença de Jesus – para viver alegre, transmitir alegria, ter um semblante sereno, transmitir paz, sem agitação, ser calma.

* Ver as necessidades espirituais das minhas irmãs com amor e carinho, lembrando-me de Madre Clélia dizendo a nós, suas filhas: Coragem, filha[75]!

* Ser fiel à minha hora de oração – lembrando que é na oração que vou ter força para minha caminhada de Apóstola reparadora. Assim terei força para não perder a paciência nas dificuldades de cada dia.

* Aproximar-me com mais frequência da Confissão, me examinando profundamente, lembrando-me que a frequência ao sacramento da Confissão me aumenta a graça e dá mais forças para me unir mais a Jesus e poder viver mais profundamente a presença Dele em mim.

Retiro mensal do mês de maio de 1993

Maria, Mãe de misericórdia e de reparação. Maria foi a primeira junto aos Apóstolos a testemunhar a força libertadora e redentora do Evangelho de Jesus, portanto, a reveladora do Coração misericordioso de Jesus, seu Divino Filho. Madre Clélia me ensina a oferecer cada manhã todos os trabalhos e sacrifícios ao Coração de Jesus e ao Coração da Virgem Maria. Os Corações de Jesus e Maria me despertam um grande desejo de amar a Jesus servindo meu próximo com mais alegria e disponibilidade. Neste mês quero fazer um grande esforço para ficar mais unida a Jesus na oração, disponibilidade e alegria, acompanhando minhas irmãs de comunidade com maior atenção e dedicação.

Evangelho segundo São Lucas 11, 5-13

«Pedi e recebereis, buscai e achareis, batei e a porta se abrirá. Pois todo aquele que pede recebe». Senhor, que eu saiba pedir com fé e amor para poder receber na hora certa em que eu precisar de vossa graça. Quero receber, Senhor, somente se for da vossa vontade. Quero o que vós quereis, Senhor, somente a vossa santíssima vontade e não a minha. Tudo o que eu sou, o que eu faço é somente para vos servir e amar. Seja feita somente a vossa vontade. Quero viver somente para vos servir e amar. Sou feliz, Senhor, porque estais sempre ao meu lado, caminhais comigo. Conduzi meu caminhar neste mundo para depois ir para a eternidade para sempre. Eu sou vossa, Senhor.

Retiro mensal de junho de 1993
Evangelho segundo São João 19, 31-37

«Um dos soldados abriu-lhe o lado com a lança e jorrou sangue e água». Senhor Jesus, todo este sangue derramado foi pela minha salvação e pela salvação de todos. Ofereço todos os sofrimentos de cada dia para glória, amor e reparação – minhas dores, meu mal-estar, minhas preocupações em estar sempre atenta pela responsabilidade de meu trabalho[76]. E a esperança não engana porque o amor de Deus foi derramado em nossos corações pelo Espírito Santo que nos foi dado. Senhor Jesus, quero servir-vos por amor e com amor, pois sois tudo para mim. Na alegria eu quero viver e no vosso amor permanecer para sempre neste mundo, para depois ir para junto de vós, Senhor, para sempre.

Toda a minha vida religiosa deve estar impregnada do espírito apostólico e toda ação apostólica deve estar informada do espírito religioso. Toda a minha vida deve ser um hino de glória, amor e reparação ao Sacratíssimo Coração de Jesus[77].

Retiro mensal de julho de 1993

Deus Pai me ama, eu devo corresponder a este amor no dia a dia, através de minha vida. Deus me ama com amor eterno e criador. Esse amor criador me dá vida, me ampara. Sou filha predileta e querida de Deus. Passo momentos de união e intimidade com Ele, mas sou muito frágil e pequena diante da grandeza de Deus. O primeiro impulso para a oração, isto é, a elevação e a união com Deus, vem do exemplo de Cristo. Em sua vida pública retirava-se. Jesus é a fonte da vida onde devo buscar água para saciar a minha sede[78].

Retiro mensal de setembro de 1993
Aquele que escuta e guarda a Palavra

- Maria acolhe em seu coração a «Palavra de Deus» e a faz carne de sua carne, sangue de seu sangue.
- Nem sempre houve disponibilidade para acolher com amor e assimilar a «Palavra de Deus».
- Na encarnação, Maria acolhe em seu Coração Imaculado a Palavra por excelência, o Verbo do Pai.
- Maria «acolheu» e «conservou» a Palavra em toda a sua vida.
- A maternidade é o maior esplendor de Maria, mas aos olhos de Jesus, ela é bem-aventurada por causa de sua «capacidade de escuta da Palavra».

É encantadora a cena de São Lucas! Jesus, com a autoridade de sua Palavra, expulsa o demônio que lhe é apresentado, em meio a uma grande multidão. «Essa se admira». Mas Jesus mostra a fragilidade do reino dividido[79].

A Palavra de Deus deve ser meu guia, meu alimento, minha força. Na Comunhão, é Jesus quem vem a mim. No Evangelho que leio, é Jesus vivo quem fala para mim, quem age, quem passa por mim. O Evangelho é para eu viver, meditar, contemplar, ser vida. O Evangelho é vivo. É Jesus quem fala para mim, hoje, como na Eucaristia, em cada Hóstia há

Jesus vivo, com seu amor. O Evangelho é «Palavra que queima como fogo, como martelo que quebra a rocha»[80].

> O Evangelho é «Palavra-viva» que devemos receber
> diretamente como em um primeiro encontro
> com a alma em oração, como recebemos Jesus
> na Eucaristia, a fim de que esta «Palavra-viva», que é Jesus,
> chegue às dobras mais profundas da alma e do nosso ser.

«Ter um coração que escuta» é dom maravilhoso. É preciso ter coração simples de criança que toma tudo à letra, sem nada acrescentar nem tirar, realizando-o assim como ouviu.

Retiro mensal de outubro de 1993

Em sua vida de Oração, a Apóstola encontrará sempre a força de dar ao mundo, dia após dia, com sua serenidade, mas especialmente com sua vida, completamente entregue a Cristo e aos irmãos, a única resposta do amor: «A Caridade de Cristo age entre nós»[81].

O Senhor, único juiz dos Apóstolos[82]. A luz do Evangelho resplandece a glória de Cristo, que é a imagem de Deus. Quanto a nós, consideramo-nos servos vossos, por amor de Jesus[83].

Retiro mensal de novembro de 1993
Maria no sinal de Caná

Maria realizou uma função que lhe tinha sido reservada nas intenções divinas: mediante a fé suscitou o primeiro milagre, como anteriormente havia contribuído com a fé para a vinda do Salvador ao mundo[84].

Retiro mensal de março de 1994

Nova missão, outro tipo de trabalho. Estou onde o Senhor me chamou e me colocou, me deu nova missão, é por Ele, para Ele e com Ele que estou caminhando. Nosso tema para este retiro é extraído do nosso Documento XIII, capítulo geral – *II Missão*: a missão da Apóstola é a consequência da própria consagração, é uma expansão do seu carisma nos horizontes da caridade.

Estamos acolhendo os desafios da Nova Evangelização com a força do carisma transmitido por Madre Clélia e colocando a serviço de Deus e da Igreja, na pessoa dos irmãos, para viver o amor de Cristo e testemunhá-lo com nossa vida de mulher consagrada neste ambiente mais pobre, levando as crianças e os pais a conhecerem a doutrina e prepará-los para os sacramentos. Minha saúde é fraca, mas o desejo é forte para poder fazer alguma coisa para o Reino de Cristo.

Meu projeto de vida

- *Entrar* no Coração de Jesus para me fortificar, purificar e ganhar forças para poder superar minhas dificuldades e misérias. Sair do meu comodismo, esquecer-me de mim mesma e estar a serviço dos outros.

- *Permanecer* com Jesus, levando-o comigo por toda parte, sentindo sua presença e transmitindo-a aos outros.

- *Viver* como Jesus que passou por este mundo fazendo o bem.

Como responsável pela comunidade, devo estar a serviço das irmãs, sempre me mostrar alegre. Embora me custe aceitar certas coisas, devo, por amor a Jesus, morrer para as irmãs e aparecer por amor a Jesus. Muitas vezes me custa alguma coisa, mas por amor a Jesus devo aceitar me calar, para nossa união e paz da comunidade.

> Tudo por amor a Jesus.

Quero ser fiel, meu Jesus, porque neste mundo estou de passagem e tenho pouca saúde, mal-estar, desânimo, mas sinto a presença do Senhor sempre presente.

> Jesus é tudo para mim.

Quero desaparecer para que Jesus apareça. Neste mês de maio, fui premiada para sofrer um pouco mais. Quanto mal-estar eu senti fisicamente quando consegui o resultado dos exames, confirmando diabetes e colesterol alto. A cada dia que passa eu sinto meu físico mais doente. Ofereço todo o meu sofrimento para que Jesus possa ser mais amado, pela conversão dos pecadores, para que as irmãs sejam mais caridosas, mais santas. Meu Jesus, eu sinto que vou morrer logo, não quero desanimar, Jesus sois minha força.

Retiro mensal de 02 de junho de 1994
Eucaristia – mistério de amor

Jesus Cristo, neste mistério, é para mim o alimento que me dá força e coragem para meu caminho. Junto a Ele é que passo as minhas horas mais felizes. Esta força que me anima, dá coragem para viver. No céu não haverá mais tristeza, nem dor, nem incompreensão, nem falta de coragem. Toda humilhação que sofro das pessoas, ofereço para Jesus, me lembrando do Sangue jorrando da Cruz. O Senhor é tudo para mim, só Ele me dá força e coragem, se não fosse por Ele eu já não aguentaria mais. Tudo passa neste mundo, também isto há de passar. Ah! Se alguma criatura soubesse a angústia que sofro dentro de mim. Mas Jesus, somente Ele, é o Senhor de minha vida e sofrimentos. Não é a doença, nem os trabalhos que me fazem sofrer. A todo instante peço a Jesus que me dê força, coragem e fé.

Retiro anual de julho, 08/07/1994

Vinde, Espírito Santo, enchei meu coração do vosso amor e de todos os dons. Amém. Divino Espírito Santo, vinde em meu auxílio, iluminai-me, sede meu guia e protetor. «Se invocares o Espírito Santo, Ele virá a ti e encher-te-á com sua Luz»[85].

Nosso tema

> O Espírito Santo, dom por excelência
> do Coração aberto de Jesus.

Ele nos tocou

> A Apóstola permanece no lado
> aberto de Cristo, para sorver com alegria
> a água da fonte da Vida!

Divino Espírito Santo, iluminai-me. Vós me conduzis para a fonte da vida. Divino Espírito Santo, transformai a minha vida para que eu viva o Deus só. O Espírito Santo vai comigo, Ele é a minha força, me conduz, me guia. Ele é a fonte onde eu encontro tudo. Ele é o segredo do meu testemunho. O Coração de Jesus nos dá o grande dom que é o Espírito Santo, que me conduz, me dá forças, luz, alegria, paz. Divino Espírito Santo, vós sois a Luz que me guia, que me conduz, que ilumina o meu caminho. Sois meu amigo e protetor, dai-me uma fé profunda para viver a vossa presença em minha vida, para testemunhar o amor, a alegria e ser fiel. Divino Espírito Santo, dai-me força, fé e coragem.

Ele é tudo, eu o carrego em minha vida, eu quero ser esta imagem de Jesus, Ele deve aparecer e eu devo desaparecer. Ele é o centro da minha vida. Quando o sol aquece meu corpo, o Espírito me conduz para o Senhor e eu me coloco em sua presença para louvar, agradecer, pedir perdão e pedir que aumente minha fé para ser testemunha de seu amor. O Espírito Santo é minha luz que me conduz e guia meu caminhar.

Divino Espírito Santo, dai-me o fogo do vosso amor abrasador para que eu possa ser transformada no vosso Divino amor e convertei o meu coração. Que eu seja purificada de todos os meus pecados e que a vossa misericórdia crie em mim um novo coração.

Ele é a fonte onde eu encontro tudo. Jesus é o Senhor de minha vida. Tenho uma só vida! Jesus é o tudo que eu carrego em minha vida – eu devo ser esta imagem de Jesus. Ele é o centro de minha vida. Ele é o segredo do meu testemunho, onde estou centralizando minha vida. Ele é o tudo.

O Espírito Santo me conduziu ao Coração de Jesus para viver neste carisma que Madre Clélia preparou para suas filhas, para a Igreja. Como Apóstola do Coração de Jesus devo ser fiel à minha consagração, viver o carisma da Madre Fundadora, Apóstola como os Apóstolos. O lugar da Apóstola é no Coração transpassado do Mestre.

Divino Espírito Santo, vinde habitar em mim com vossa graça e conduzi-me ao caminho de Deus Pai. No Coração de Jesus eu deposito tudo o que eu sou, o que tenho e o que faço. As humilhações que passo são para a minha purificação e para a glória, amor e reparação das ofensas que Jesus recebe. Sou como um raminho e devo estar atenta e aberta para receber diariamente o alimento precioso da graça que Deus Pai me oferece. «Se tiverdes fé e impuserdes as mãos sobre o enfermo, ele será curado»[86].

Devo ser, antes que fazer, adorar, antes que testemunhar. A alma do Corpo Místico da Igreja é o Espírito Santo. Quando a Luz do Espírito Santo iluminar sua inteligência, você se sentirá estimulada e desejosa de percorrer o caminho da santidade. A vida da Apóstola é:

- Resposta de Amor.

- Exigência de Reparação.

- Ânsia apostólica pela Glória de Deus.

Sou como um raminho da árvore que é Cristo e recebo a seiva pela graça do Espírito Santo, para meu alimento. Quero permanecer em Jesus para estar sempre ligada à árvore e sempre receber a seiva. Jesus é o meu Senhor e meu Deus. Eu devo sempre me lembrar de sua presença para estar sempre ligada a Ele.

O Espírito Santo é a Promessa do Pai que transforma o nosso coração! A vida da Apóstola exige uma contínua recriação e fidelidade dinâmica. O Espírito Santo é fogo que ilumina as inteligências e aquece os corações. «Esforce-se para que nada tome posse do seu coração, ainda que por breve tempo, a não ser Deus»[87]. A sabedoria cristã lhe dará felicidade na vida presente, paz no coração e tranquilidade à consciência. O Espírito Santo é a seiva do Pai que produz frutos nos ramos.

O magistério do Espírito Santo é a unção, o óleo alivia, renova, fortalece, protege, lubrifica o nosso coração. O Espírito Santo é o verdadeiro diretor de minha alma, sem Ele não há santidade[88]. Somos tela, o Espírito Santo é o artista que vai desenhando na minha tela. Ele me ajuda, me conduz. Eu sou como um bloco de mármore, o Espírito Santo vai lapidando até sair um lindo Anjo. Ser devota do Espírito Santo é abrir-lhe a alma para que Ele venha habitar, fazer morada e formar em nós a imagem de Jesus. Ele me conduz ao Pai. Ele coloca no meu coração desejos profundos, está presente, está em mim. Devo invocar o Espírito Santo, ser dócil a ele. É o Espírito Santo que me leva à oração.

Seguir Jesus não é deixar tudo, mas fazer a viva experiência de estar com Ele. Jesus escolheu 12 Apóstolos para estarem com Ele e já escolheu três mil Apóstolas. Jesus escolheu os Apóstolos e estabeleceu um profundo relacionamento com eles, uma profunda amizade. Ninguém tem maior amor do que aquele que dá a vida por eles. Nas comunidades, deve acontecer um relacionamento profundo, conhecer cada uma, sua história, sua vida, de onde veio. É Jesus quem escolhe, é ele que ama primeiro. *Ele me escolheu* e a cada uma com quem vivo, a cada uma do jeito que ela é. *Ele me amou e me escolheu do jeito que eu sou*. Talvez ninguém me escolhesse, esta escolha nasce do amor apaixonado por mim. *Ele me ama profundamente*. Os Apóstolos não eram uma comunidade perfeita, mas eles se amavam. A minha comunidade tem muitos valores e muitas vezes não são valorizados, precisamos de gestos concretos. A amizade de Jesus cada vez se torna mais exigente, mais profunda. «Mestre, onde moras? Vinde e vede». E passaram com Ele e fizeram uma linda experiência. Onde existe o bem nós vamos ficar transformados – buscar estes valores, estar com Ele[89]. Jesus me chamou para ficar com ele, trabalhar por ele, viver com ele.

As primeiras comunidades dos cristãos faziam muita oração comunitária e individual, rezar era estar na presença de Deus. Na presença de Deus eu modifico minha maneira de pensar. Durante a oração Deus me revela. Que minha fé seja pura, que salve[90].

Madre Clélia nos diz: *O que é ser Apóstola?* Ser sempre igual a si mesma. Ser constante, social, cortês, bondosa, afável, humilde, digna na maneira de ser, de falar, de agir, de andar, ser ativa no zelo, pronta para esquecer as injustiças, aceitar todas, não fazer ninguém sofrer, ser a alegria de Jesus, passar por humilhações, desprezos, ser vítima sobre a cruz, ser Apóstola do Amor, reparadora, ter coração de Mãe, ser paciente, ter uma fé pura, ser heroica, deve despertar confiança, imolar-se com Jesus, ser testemunha de Jesus na alegria. Nossa comunidade deve ser a comunhão fraterna na oração, na aceitação e na caridade. A caridade é importante para que aconteça a comunhão fraterna[91]. Madre Clélia nos deixou um verdadeiro programa de vida.

Palavra – que me ilumina.

Fé – que minha fé seja aquela que salve.

Testemunho – que seja tão puro que convença.

Sacrifício – que redime e salva.

Amor – que seja grande e brote do Coração de Jesus.

Como me enfeito para atrair as pessoas para Jesus? Por exemplo: as flores se enfeitam para atrair os insetos, a esposa para atrair seu esposo. A medula da vida interior é a fé, a esperança e a caridade que é o amor. A fé é a certeza em acreditar que ele está ali. A fé não basta para a intimidade, é preciso esperança, fé é a intimidade da luz. Pedir muito os dons da fé, da esperança e da caridade[92].

Madre Clélia sempre tratou as irmãs como filhas, ela sempre desejava ser Mãe das irmãs, ensinando, aconselhando uma a uma. Deus Pai quis precisar de uma mulher para enviar seu Filho Jesus para nossa salvação, exaltando a mulher que, naquele tempo, não era valorizada. Jesus exaltou a mulher em muitas passagens de sua vida terrena. Nós somos mulheres e com nossa vida de consagradas não deixamos de ser mulheres e ter instinto materno. Quando há uma nascente de água, ela sai para fora da terra, mas se alguém tampa aquele lugar, ela vai sair em outro lugar. Nós somos mulheres, temos amor e tudo que é de mulher e se renunciamos a amar um homem e alguma criança, é para ter um amor maior. Temos que nos dedicar ao amor de Jesus, a quem devemos dedicar toda nossa vida, ir até ele, conversar com ele, ter fé nele e, através dele, expandir nossa dedicação a outras pessoas. Se, às vezes, ficamos irritadas, inquietas é porque está faltando alguma coisa que devemos buscar em Jesus, nosso Divino Mestre e Senhor.

Os efeitos do Espírito Santo em nós[93]

O Espírito Santo é a nossa força. Jesus, pelo seu grande Amor ao Pai e aos homens, deixou-se matar pregado em uma Cruz, derramando todo o seu preciosíssimo Sangue para defender o Pai, a salvação da humanidade e a sua doutrina. Jesus tinha grande força do Espírito Santo e dizia aos Apóstolos: «O Espírito Santo que o Pai vos enviará». Os Apóstolos, um a um, foram sendo executados pelo martírio por causa do amor por Jesus e pela doutrina. Para defender a fé eles eram os mais corajosos do mundo. A Igreja primitiva foi regada pelo sangue dos primeiros Cristãos.

> O ponto alto de toda
> a nossa missão é o martírio.

Quem aceita morrer pelo Senhor demonstra o maior amor por Cristo. O segredo do meu martírio está no amor profundo de minha fé por Jesus, martírio brando do dia a dia. No final de minha vida, na hora de minha morte, quero receber a coroa do martírio dos meus sofrimentos do dia a dia. Amém. A Cruz não é o fruto de nossa vontade, mas é uma chamada de Deus para um martírio. O martírio é sinal do Reino de Deus que sofre violência – é anúncio desta fidelidade a Deus. As Apóstolas completam 100 anos de fundação do Instituto, graças ao martírio de muitas Apóstolas. A primeira foi Madre Clélia. Quem não é mártir não é religiosa. A quem Jesus vai pedir o martírio senão à sua esposa. Precisamos nos exercitar no sacrifício, provar nosso amor a Jesus pelo nosso martírio do dia a dia. Jesus amou a Cruz que não era sua, Ele carregou a Cruz por amor. Aceitar o nosso dia a dia por amor é o martírio que Jesus nos oferece. Uma comunidade que tem sofrimentos pode ressuscitar[94]. Enquanto houver sofrimentos há sempre esperança de ressurreição. Pedir ao Coração de Jesus que foi o grande mártir e ao coração de Maria que foi a primeira mártir e sofreu o martírio do coração.

> O martírio – vocação do cristão,
> vocação da Apóstola.

DIÁRIO ESPIRITUAL

O amor transforma o amante na pessoa amada. Selar todos os sofrimentos com o selo do amor. Jesus, na hora do seu maior sofrimento – «Meu Deus, meu Deus, por que me abandonastes?» – Jesus teve mais força no momento mais duro de seu sofrimento. O carisma enriquecerá a Igreja quando é vivido no amor, na fé, no sofrimento. Cada vez que assumo, na fé, qualquer sofrimento, toda a Igreja e o Instituto ganham.

Martírio, vocação do cristão, selo do amor. Temos que superar o passado para fortalecer o presente. Através da minha fidelidade eu estou proclamando o Deus vivo, ele está vivo no meio de nós. Ser chamada é escolher o caminho da santidade. Onde existe uma Apóstola deve existir o fermento de santidade, é preciso perceber quais são os crescimentos. Quando o amor existe no coração, se sente um grande desejo de fazer Jesus conhecido e amado.

Quando você sentir uma grande dor no sofrimento, vá diante do sacrário e coloque tudo diante Dele, assim o peso se tornará leve. Abandone-se nas mãos de Deus. Ele tem direito, ele me chamou. Selar os momentos difíceis que tenho com o zelo do amor. Se o amor existe dentro do coração, não existe caminho difícil. Madre Clélia: «Filha, quem sofre está nos braços de Deus». O sofrimento é semente de muitas vocações para o Instituto. Seguir Jesus implica estar com Ele. No seguimento de Jesus, eu preciso limpar tudo e estar com ele[95]. O seguidor deve assumir a causa de Jesus, aceitar ser enviado no lugar Dele. Coloque-se face a face com Jesus e pergunte se os seus sofrimentos são maiores do que o dele. Sofrer com alegria. O amor do Coração de Jesus se torna presente em toda a vida da Apóstola.

Que tempo você dá para sua alma se robustecer? Quem não é adoradora quando jovem nem na velhice o será. Tudo o que uma Apóstola faz deve ser carregado de zelo, seja no mais simples trabalho. O que Ele nos pede é o martírio do orgulho, da vaidade, do amor-próprio, do egoísmo, do comodismo. O que nos dá felicidade? Tira-me tudo, Senhor, menos a fé.

Devo dar condições para que o Espírito Santo esteja junto a mim com suas graças. O Espírito Santo é o altar da santidade e Maria foi quem mais viveu esta presença. Madre Clélia também olhava para Maria. O que Madre Clélia falava de Maria era o que ela vivia. Maria, em tudo, honrava a Deus. Madre Clélia contemplava Maria. Eu quero ter esta atitude de recolhimento e oração, cuidados delicados. Às vezes, a gente é grosseira. Estou passando nesta terra para ser santa. Maria desculpava tudo sem reclamar, jamais se percebeu nela gestos bruscos. Nossa vida deve respirar esta santidade de Maria, nos colocar sempre ao lado de Jesus, passar muito tempo diante dele, *estar com o Senhor*. Maria estava sempre disposta, escolhia o último lugar. Devemos ter intimidade com Maria. Tenho que começar hoje a ser santa. O Espírito Santo fecundou o Coração de Maria, eu também devo fecundar o Espírito Santo em mim. Devemos dar sem querer de volta, santidade é dar sem esperar de volta. Na fé, ser generosa, fazer exercícios. Santidade supõe conversão, luta todos os dias. Estar com ele, alimentar a todo instante o martírio do coração.

Santidade é testemunhar, deixar Cristo se manifestar. Nesta conquista nós lutamos com as armas de Deus, nossos pés devem estar calçados com o Evangelho, capacete da salvação, espada do espírito. Usar as armas de Deus, fé, oração, mortificação, humildade. Eu já iniciei esta santidade[96]?

A santidade é a perfeição da construção da Igreja, é na minha comunidade que vou ser santa[97]. Ser santa é viver no Espírito Santo, estar atenta ao Divino Hóspede que vive em nós. A santidade é um caminho percorrido na fé[98]. O primeiro ponto é desejarmos a conversão – minha identidade como Apóstola. O segundo ponto é reassumir os valores da vida consagrada – retomar valores deixados de lado. O terceiro ponto é retomar os caminhos da busca de Deus – estar com ele. O quarto ponto é dilatar os espaços da caridade. O quinto ponto é acolher fraternalmente o outro. O sexto ponto é redescobrir o valor da Cruz, acolher, não reclamar... a Cruz me salva. O sétimo ponto é ouvir os gritos da realidade, na comunidade, na Igreja, na minha Província. O oitavo ponto é não medir e nem calcular. O nono ponto é desinstalar-me, voltar às fontes. O décimo ponto é assumir as consequências da vida religiosa. O décimo primeiro ponto é recuperar a doutrina do Lava-Pés, com gestos. O décimo segundo ponto é encontrar-me com a misericórdia do Pai. O décimo terceiro ponto é assumir minha identidade: ser a transparência do Coração de Jesus.

Qual é o caminho que vou tomar? Por onde devo começar? O que Deus está pedindo? Ter algumas pistas de ação, pois o exercício é indispensável. A santidade está nas pequenas coisas do dia a dia. *Ter equilíbrio emocional*: quando está alegre, não exagerar, quando está triste, não demonstrar, só o Senhor deve saber.

O Espírito Santo, autor da santidade

Não importa que eu seja humilhada, é por Jesus que eu vivo e sou consagrada. Santidade é seguir Cristo e identificar-se com a santidade de sua vida.

> Santidade supõe: fidelidade
> ao Instituto e à missão recebida.

A santidade supõe um processo contínuo de conversão. Madre Clélia nos diz: «Esquece o bem que podes ter feito e atira-te generosamente para a santidade que ainda não alcançaste».

> Um coração nos ama[99].

Estando em oração, diante do Senhor, senti um grande apelo para o meu dia a dia: procurar, com garra, estar sempre na presença do meu Senhor, no meu caminhar, agir, falar, calar, trabalhar. Estou nesta missão para cumprir a vontade de Deus. Devo ser delicada no falar, pensar sempre bem das minhas coirmãs, desculpá-las de todo defeito, ser caridosa, falar pouco, somente o necessário e com muita prudência.

Foi Jesus, na pessoa da Madre Alice, que me confiou esta missão e se sofro algumas humilhações por incompreensões de minhas coirmãs, não fico triste, mas ofereço tudo a Jesus. Ele é o Senhor de tudo e saberá colocar tudo no seu devido lugar. Se sofro fisicamente pela minha pouca saúde, *jamais devo me queixar.*

A Apóstola é chamada a ser santa

Somente com a santidade de vida a Apóstola poderá testemunhar o primado do Amor de Deus na sua vida! Deus esteve presente na vida de Madre Clélia e teve um projeto sobre sua vida. A Apóstola é gota qualificada do Coração de Jesus. Preciso tocar no Coração de Jesus para Ele me dizer: «Quem me tocou»? Eu digo: «Fui eu». Ele me diz: «Tua fé te salvou». Ele me amou primeiro e continua me amando. Devo ir ao encontro dele. Por mais que O ame ainda meu amor é pouco.

A santidade de vida é a imitação do Sagrado Coração de Jesus. Madre Clélia deu uma grande importância à *humildade*. Precisamos de um grande amor a Deus e aos homens. Deus quer tudo, *doar-se por inteiro*[100]. Para Madre Clélia a santidade é um dom e chama suas filhas à santidade e à perfeição. A alma deve procurar estar em todos os momentos na *presença de Deus*, ir aos poucos se desapegando de tudo e ter Deus como seu único refúgio. Para ser santa é preciso se conformar com a *vontade de Deus*, viver totalmente voltada para Deus. Quero ter coragem e boa vontade para começar minha vida de santidade. Sei que existem muitos obstáculos: *minha natureza, pensamentos inúteis, desconfianças*. Devo confiar plenamente em Deus, permanecer nele, *ter fé* na sua presença[101]. Devo me exercitar. *Oração*, muita *oração*, procurar *exemplos* dos santos, ter *Maria Santíssima* como modelo.

Oração, união com Deus: nosso dever é estar em contínua união com Deus[102]. O espírito de oração deve acompanhar toda a minha vida, meu ser. Quero que meu coração seja um santuário do Senhor. *Santificação nas ações*: cultivar a presença de Deus em minha vida[103].

Meios que me ajudam a levar à santidade

- *Importância* da vontade procurando no dia a dia, uma constante busca. Eu devo trabalhar, eu devo buscar.

- *Exame de consciência*: preciso conhecer mais a fundo o meu íntimo, voltar-me para dentro de mim.

- *Purificação e retidão interior*: é com o sacrifício que se purifica a alma, a retidão de intenção é um caminho mais seguro para chegar até ao Senhor.

- *Serenidade e paz*: devo manter a paz mesmo nas dificuldades. A graça age no silêncio e no mais íntimo do meu próprio ser quando estou em paz.

- *Recolhimento* interior: silêncio interior é um estado de minha alma que devo procurar. Fazer exercício de ficar em silêncio diante do meu Senhor para conseguir um recolhimento interior.

- *Clausura*: um lugar para se recolher.
- *Disponibilidade*. Ir santificando as ações de cada dia[104].

> A gente só leva da vida
> a vida que a gente leva[105].

Espírito Santo, mestre interior, hóspede de nossa alma

A presença do Hóspede Divino em nós exige que a nossa conduta seja a que convém a um santuário da Divindade.

Na *inteligência*, o Espírito Santo infunde os dons: da sabedoria, do conselho da ciência, da piedade, da fortaleza, do temor de Deus. Ele coloca na inteligência o amor e a caridade. O Espírito Santo é o nosso diretor espiritual – devo fazer perguntas a Ele, que vai me orientando. Ele é o meu Diretor Espiritual particular: devo me matricular com este Mestre que é o Espírito Santo, Ele vai me levar à Escola Divina do Mestre que é o Coração de Jesus. O Espírito Santo vai me ensinar tudo. O Espírito Santo ensina tudo sobre a luz Divina[106].

Docilidade: o Espírito Santo vai me dando o dom sobrenatural em toda a minha vida. Ele vai me conduzindo ao Pai, coloca no meu coração desejos profundos, Ele está presente em mim, já fez morada em meu coração. Se eu for dócil ao Espírito Santo, a Imagem de Deus estará em mim.

Vida de Oração: minha vida requer um diálogo constante com o Senhor. Ele está presente, é o Espírito Santo que me leva à oração. O Espírito Santo me anima, ilumina, devo pedir luzes, suplicar a graça.

União com a Cruz: o que cria fecundidade com o Divino Espírito Santo é o mesmo caminho pelo qual Jesus passou. Quando conseguimos colocar em nossa alma o grande dom da Cruz, sentiremos um grande gozo que vem do Espírito Santo. Em meio ao sofrimento Madre Clélia via a ressurreição, sentia gozo na alma. O doce hóspede da alma tomando posse da alma dela começa o trabalho da transformação. Ele vive no centro da alma, ele habita a região mais profunda da alma, no profundo de nossa vontade. Ele toca e derrama todas as graças em nosso ser.

Se o Espírito Santo está em mim, ele está nas minhas irmãs, em todas as pessoas... Verificar dentro do meu templo o que está me atrapalhando. Devo tirar os ídolos, jogar fora para que somente o Espírito Santo possa entrar e estabelecer morada. Quem é o hóspede da minha alma? Expulsar tudo o que me atrapalha. Fé, esperança e caridade (que é amor) são a medula da vida interior. Fazer sempre exercícios das virtudes: fé, esperança e caridade. Quanto mais eu me embalar nestas virtudes, mais impulsiono minha alma a Deus. Conforme eu faço os movimentos – o esforço na fé, na esperança e no amor a Deus – vêm todos os outros movimentos.

> Seguir Jesus não é somente deixar tudo,
> mas fazer a viva experiência de estar com ele.

Não ter vergonha do lugar de onde veio, foi Jesus quem me escolheu. Talvez nenhuma criatura humana me escolhesse, Ele me amou e me escolheu. Somos continuamente tocadas pelo Senhor.

Viver o silêncio para escutar Deus falar e o Espírito Santo agir dentro de mim. Devo imitar Maria na simplicidade e na oração. Maria é a mulher que, a caminho, leva o Verbo. Carta natalina de 1993: «Se não se aquece o coração na paixão de Cristo, na cruz, não se tem o fogo do amor para atrair as almas».

Missão e testemunho

Deus renova a face da terra começando por Maria. O amor do Coração de Jesus se torna sensível na Apóstola que vive dele! Testemunhar é amar, testemunhar é reparar... Jesus instituiu o grupo dos 12 para ficar com ele, para testemunhar. Jesus me chamou sob duas condições: estar com ele e pregar. Estar com Jesus é a plataforma em preparação à missão. Madre Clélia nos diz para estar com a Igreja que é a plataforma. O estar é o aspecto eclesial: estar, permanecer e depois sair. A minha missão é a consequência do meu adorar para depois testemunhar. Estar com Jesus e preparar-se para a missão, é estar disposta a sair da comu-

DIÁRIO ESPIRITUAL

nidade, despojada, para ir pregar. Madre Clélia diz: «Quem não tiver esta disposição não pode evangelizar». Examinar o que me impede de ser rosto do Pai através do Filho. Devo começar na minha comunidade, é na comunidade que vou dar consistência, levar a união da vivência na comunidade. O que importa no anúncio da Boa Nova é ser a revelação do Pai. Apóstola como os Apóstolos. Jesus criou primeiro a comunidade porque a Boa Nova tem como primeiro objetivo criar comunidade em torno de Jesus. Madre Clélia: «Fixa o teu olhar em Jesus»[107].

Só é possível testemunhar aquilo em que acreditamos

Como é belo viver com Ele entre os irmãos, ler o Evangelho e fazer comparação com Madre Clélia. É triste chegar a uma comunidade em que ninguém nos espera, é preciso recuperar as delicadezas, falar com delicadeza.

A comunhão cria amor. A comunhão cria vida comunitária. A missão da Apóstola é uma expansão de sua própria consagração, de seu amor fiel e de vivência do carisma. É em comunidade que se começa a viver o amor. A apóstola contempla o Coração do Mestre e vai pegando o jeito de Jesus. Jesus expulsa do templo, a apóstola repara o mal. Apóstola é aquela que compromete o que vive, o que faz para se comprometer com o reino. Jesus se comprometeu com a oração, se afasta para entrar em comunhão com o Pai. A apóstola sente necessidade de momentos para aprofundar o carisma, a energia vital. Madre Clélia diz: «Vê como Jesus prepara os Apóstolos para a missão». Onde vamos comprar pão para tanta gente comer? Ainda hoje Jesus pede os cinco pães e os dois peixes... Que todos saibam que tenho sede e fome de amor. Apóstola do Amor: testemunhar Jesus com a vida do Coração de Jesus. Madre Clélia: «Coragem, Jesus olha o íntimo do nosso coração e receberemos nossa coroa de martírio no céu». Jesus procura ter momentos a sós com os discípulos. Ele prepara os apóstolos para os conflitos. Madre Clélia: «Atira-te no caminho da santidade», «Filha, não tenhas medo da Cruz, fixa o teu olhar no crucifixo». Logo que pisaram em terra firme viram peixe assado e pão. Madre Clélia: «Fica atenta para que não faltem alimentos para tuas filhas, toma uma xícara de chá».

Retiro mensal de setembro de 1994

Senhor, que a tua Palavra seja Luz em meu caminho e me guie para que eu possa caminhar no teu amor e seja guiada pelo Espírito Santo. O fogo do amor, uma vez aceso em nós pelo Espírito Santo, leva-nos a tudo sacrificar por Ele, como Cristo, o Bom Pastor que dá sua vida por suas ovelhas que somos nós[108].

«Se alguém me ama, guardará a minha palavra, meu Pai o amará, nós viremos a ele e nele faremos nossa morada»[109]. Ter um grande zelo pela salvação das almas, oferecendo todos os meus sofrimentos, minha fraqueza física, meu mal-estar, enfim, toda a minha doença pela salvação e conversão dos pecadores. Não desanimar nos sofrimentos, estar atenta e zelar para oferecer tudo sem reclamar de nada, sofrer em silêncio. «Tudo posso naquele que me conforta»[110].

O Senhor é minha Luz, meu conforto, é ele quem me conduz. Quanto mal-estar eu sinto no meu físico. Estou sofrendo tudo por amor de Jesus em reparação de meus pecados e pela conversão dos pecadores e para a glória, amor e reparação ao Sagrado Coração de Jesus e por todas as intenções que vou oferecendo a cada instante. Sou fraca, mas tudo posso naquele que me dá força e coragem. Se não fosse por causa do Senhor Jesus, eu não aguentaria, me entregaria, mas é por Jesus que me doo, sou consagrada e pertenço ao Senhor. Sinto que meu físico está cada dia mais fraco, sinto uma imensa fraqueza, os alimentos já não me fortificam mais, só a força de Jesus é que me dá coragem de estar a serviço.

Jesus caminha comigo, ele é a minha força para poder dar conta de mais este dia. Senhor Jesus, sede meu Pastor e meu guia para eu poder vos seguir e servir mais este dia. Dai-me forças, Senhor, para poder servir o próximo mais um dia. Tudo posso naquele que me conforta. 09.09.1994.

Retiro mensal de outubro de 1994

Impelida pelo Espírito Santo, a Apóstola é chamada a testemunhar o *amor*, repor *amor* e ser sinal dos bens futuros. A missão da Apóstola é *amar, reparar, glorificar*. A missão da Apóstola é uma consequência de sua própria consagração. Quero viver o meu dia a dia, minha vida consagrada na presença do Senhor, no meu ambiente de trabalho, somente

DIÁRIO ESPIRITUAL

para amar e servir, dando glória, amor e reparação ao Sagrado Coração de Jesus. Só para Ele quero viver e servir. Tudo o que eu sou, o que faço, o que vivo – meus sofrimentos físicos, minhas humilhações – é para amar e servir ao próximo, minhas irmãs da comunidade. Graças e louvores sejam dados ao Senhor, glória, amor e reparação ao Sagrado Coração de Jesus para sempre neste mundo e depois na eternidade.

Retiro mensal de novembro de 1994
Palavra de Deus

Jesus reúne seus 12 discípulos e os envia para a missão. Jesus vai ensinando, dando exemplos, confortando. «Porque não sereis vós que falareis, mas é o Espírito Santo do meu Pai que falará em vós». «O discípulo não é mais que o Mestre, o servidor não é mais que o patrão». «Recebestes de graça, de graça dai»! As Apóstolas, sustentadas pela caridade que Deus infunde em seus corações e seguindo os ensinamentos da Madre Fundadora, dedicar-se-ão com zelo «ao bem espiritual e material do próximo, não só com obras externas, mas também com sacrifícios e com oração». Com fé e amor. O Senhor é minha Luz e salvação, nada quero temer, confio e espero em Vós Senhor. Tudo o que eu sou e que faço é para servir e amar a Deus, servindo o próximo em Jesus, seu predileto filho, meu Senhor e meu Deus[111].

março 1985

NOTAS PESSOAIS

Nome _Ir. Domícia de Nóbrega_

CEP _80240_ Residência _Escola Santa Terezinha_

Cidade _Curitiba_ Fone _244-2923_

~~Escritório~~ _Casa de retiro S. C. de Jesus_ Fone _272-5087_

Caixa Postal _R. Angelo Mozaroto_ End. Telegr. _nº 33_

~~etc~~ _Curitiba Pr._ Cart. de Ident. Nº _82000_

Cert. de Reservista Nº _____ Título de Eleitor Nº _____

Automóvel Nº _____ Nº Motor _____ Cart. Mot. Nº _____

Cia. Seguros: _____ Apólice Nº _____

C/C Nº _____ Banco _____

REFERÊNCIAS DE URGÊNCIA

Grupo sangüíneo _____ Fator Rh _____ Alérgico a _____

Óculos _____ Olho direito _____ Olho esquerdo _____

Vacinas _____

Médico _____ Fone _____

Hospital _____ Fone _____

Em caso de acidente, a rápida transmissão destes dados podem ser de extrema importância para o possuidor desta Agenda.

TELEFONES ÚTEIS DE EMERGÊNCIA

Bombeiros	Fone _____	Fone _____
Rádio Patrulha	" _____	" _____
Pronto Socorro	" _____	" _____
Água	" _____	" _____
Luz e Força	" _____	" _____
Gás	" _____	" _____
Esgotos	" _____	" _____
Hospital	" _____	" _____
Rodoviária	" _____	" _____

Diário Irmã Domícia.

DIÁRIO ESPIRITUAL

JANEIRO 1985

D	S	T	Q	Q	S	S
		1	2	3	4	5
6	7	8	9	10	11	12
13	14	15	16	17	18	19
20	21	22	23	24	25	26
27	28	29	30	31		

SOLENIDADE DE SANTA MARIA,
MÃE DE DEUS
Missa e ofício solenes próprios

JANEIRO 1

TERÇA

"Pois é Deus que opera em nós o querer e o fazer". (Fl. 2,13.)

"Permanece sentado, no silêncio e na solidão, inclina a cabeça, fecha os olhos; respira mais docemente, olha com a imaginação dentro do teu coração, aguça tua inteligência, isto é, teu pensamento, da tua cabeça para teu coração. Diz ao respirar: "Senhor Jesus Cristo, tende piedade de mim" em voz baixa, ou, simplesmente, em espírito. Esforça-te para afastar todos os pensamentos, sê paciente e repete frequentemente este exercício.

"O Senhor é minha força".
"Deus ama as pessoas corajosas".

"Meu Jesus perdão e misericórdia, pelos méritos de Vossas Santas chagas".

Meu Deus e meu tudo, que meu coração com todos essas doenças, se eleve a Vós em todos os momentos de minha vida, aceitai-me ó Senhor essa doença transformando-me em Vosso amor, que eu viva só p. vos amar.

1.ª leit.: Nm 6,22-27 — 2.ª leit.: Gl 4,4-7 — Evang.: Lc 2,16-21

Os pastores foram então às pressas, e encontraram Maria, José e o recém-nascido deitado numa manjedoura **(Lc 1,16)**.

Diário Irmã Domícia.

13 MARÇO QUARTA

Missa e ofício da féria da Quaresma

MARÇO 1985

Retiro mensal Março 1.987

Senhor, nosso Deus, não nos deixeis vencer pelas nossas ofensas mas aplacai-vos com nossa conversão. Olhai para nós, vossas servas, que reconhecemos nossos pecados. Concedei-nos que ao celebrar o Sacramento da Vossa Misericórdia, possamos, corrigidos dos nossos (pecados) erros, receber Vossa eterna recompensa.

Somos filhas adotivas
Ser mãe de almas.
Consolar o coração de Jesus salvando almas.
Amar primeiro a comunidade.
Se sou desprezada das criaturas, que me importa, Deus se interesa por mim, é Deus que me basta.
O que faço para minhas coirmãs é para Deus que faço.

Senhor que eu te conheça profundamente para poder amar-te mais ainda.

1.ª leit.: Dt 4,1.5-9 — Evang.: Mt 5,17-19

'Aquele que violar um só destes menores mandamentos e ensinar os homens a fazerem o mesmo, será chamado o menor no Reino dos Céus' (**Mt 5,19**).

Diário Irmã Domícia.

DIÁRIO ESPIRITUAL

MARÇO 1985

D	S	T	Q	Q	S	S
					1	2
3	4	5	6	7	8	9
10	11	12	13	14	15	16
17	18	19	20	21	22	23
24	25	26	27	28	29	30
31						

Missa e ofício da féria da Quaresma

MARÇO 14

QUINTA

<u>Dom do Entendimento</u>:

O espírito vem nos ajudar através de nossa inteligência a compreender não somente as criaturas mas também para nos ajudar mais profundamente os mistérios ou melhor, o mistério de Deus e suas verdades reveladas. Ajuda as pessoas a distinguirem o verdadeiro do falso. (Jo 6, 67-69).

<u>Dom do Conselho</u>:
Ajuda-nos a escolher o que é de maior vantagem para o bem da alma e o que corresponde a vontade de Deus. O verdadeiro sábio é aquele que conhece a Deus. É aquele que age com firmeza e (o Espírito) segurança, sem medo de errar, porque o Espírito lhe dá esta segurança. O Espírito Santo, que o Pai enviará em meu nome, vos ensinará todas as coisas e vos recordará tudo o que vos tenho dito". (Jo 14, 26).

Esta promessa de Jesus é válida para todo cristão, portanto é válida igualmente para nós; o Espírito Santo mora em nossas almas para nos aconselhar, para nos lembrar os ensinamentos do Senhor e aplicá-los aos

1.ª leit.: Jr 7,23-28 — Evang.: Lc 11,14-23

Jesus expulsava um demônio que era mudo. Ora, quando o demônio saiu, o mudo falou e as multidões ficaram admiradas **(Lc 11,14).**

Diário Irmã Domícia.

16 JANEIRO
QUARTA

4.ª-f. da 1.ª semana do TC
Ofício ferial — Missa à escolha

JANEIRO						1985
D	S	T	Q	Q	S	S
		1	2	3	4	5
6	7	8	9	10	11	12
13	14	15	16	17	18	19
20	21	22	23	24	25	26
27	28	29	30	31		

Oração

Nosso único esforço (mas ele é grande e necessário) é oferecer ao Senhor um ser muito alerta e muito faminto. E que acredita, realmente, nas palavras do Apocalipse 3, 20:

"Eis que estou à porta e bato; se alguém ouvir minha voz e me abrir a porta, entrarei em sua casa e cearemos juntos, eu com ele e ele comigo."

Fazer oração é organizar esse encontro a dois, mas deixando Deus conduzir.

Exemplo: Mt. 5,48: "Sede, pois, perfeitos como é perfeito o vosso Pai celeste.

Amar como Deus porque sou Sua "filha". Repetir: "Ser Tua Filha. Ser Tua Filha. Ter sentimentos de Deus". Sentir que Deus trabalha em mim, não procuro mais nada.

O essencial da oração não está no que fazemos, mas, sim, na nossa flexibilidade, nossa paciência e nossa fé. "Neste momento, Deus age".

Se as vezes sinto vazio devo me perguntar se não é um vazio devido à ignorância ou à preguiça.

Estou rezando bem quando suporto esse vazio?

1.ª leit.: Hb 2,14-18 — Evang.: Mc 1,29-39

Aproximando-se da sogra de Pedro, Jesus tomou-a pela mão e a fez levantar-se **(Mc 1,31)**.

Diário Irmã Domícia.

DIÁRIO ESPIRITUAL

JANEIRO 1985

D	S	T	Q	Q	S	S
		1	2	3	4	5
6	7	8	9	10	11	12
13	14	15	16	17	18	19
20	21	22	23	24	25	26
27	28	29	30	31		

Santo Antão, abade
Missa e ofício da memória

JANEIRO
QUINTA
17

Oração

Resposta dos peritos: a oração é o mais terrível dos exercícios de pobreza. Não sabemos nada, nunca saberemos nada, naquela altura dos acontecimentos, do trabalho de Deus. Portanto, nem do valor de nossa própria atividade de espera e de acolhida. Quem quer fazer oração deve preparar-se p/ uma das maiores ausências (aparente, mas percebida como ausência) de Deus. Grande ausência porque, invencívelmente, imaginamos q/ vamos obter dele pelo menos um sentimento de presença. É p/ isso q/ estamos aqui?

Não. Ele pode dar esse sentimento, às vezes, dá. Mas não é esse o objetivo da oração. A única certeza de que rezamos bem é quando temos fé que Deus está ali e age e quando queremos nos oferecer à sua ação. Crer e querer são as duas armas do orante, suas duas obstinações, seus dois presentes a Deus, seus dois únicos contactos seguros com ele.

Viemos à oração p/ sermos conduzidos por caminhos indiscerníveis, p/ sermos moldados em profundidade onde o sentir não tem importância.

Não sinto nada. Portanto, não faço nada. Deus não faz nada.

A boa oração é ficar firme no vazio.

A vontade-amor, essa força de amor, muito estável e tranquila, com a qual aderimos de forma mais ou menos clara a alguma coisa que Deus nos propõe.

1.ª leit.: Hb 3,7-14 — Evang.: Mc 1,40-45

Movido de compaixão, Jesus estendeu a mão, tocou-o e disse-lhe: 'Quero, sê purificado' **(Mc 1,41)**.

Diário Irmã Domícia.

20 NOVEMBRO QUARTA

4.ª-f. da 33.ª semana do TC
Ofício ferial — Missa à escolha

NOVEMBRO 1985

D	S	T	Q	Q	S	S
					1	2
3	4	5	6	7	8	9
10	11	12	13	14	15	16
17	18	19	20	21	22	23
24	25	26	27	28	29	30

05 de Setembro 2006
Retiro mensal.
A caridade de Cristo nos impele
a ser luz.
Pedir a graça: ser testemunha
da bondade de Deus.
Mt. 5, 14-16 — Vós sois a luz do mundo.
— Vós sois a Luz da terra...
— não se acende uma luz para
colocar escondida...
— Nossa luz deve brilhar, iluminar,
alegrar, servir o mundo, a Humanidade
para glória de Deus Pai.

Ef. 5, 8 — Outrora éreis trevas, mas agora
sois luz no Senhor — devemos brilhar
sem borbosos, se alegrar, ser verdadeiros
servir com amor, alegria, ser testemunhas do
amor de Deus Pai que tanto nos ama.

João 1, 1-17: — No princípio era o Verbo
e o Verbo estava junto de Deus.
Deus enviou seu Filho que é luz para
nos a salvar Ele é a luz que brilha
entre nós p/ podermos estar junto Dele
a iluminar nossa vida e dos
nossos irmãos.

1.ª leit.: 2Mc 7,1.20-31 — Evang.: Lc 19,11-28

'Digo-vos, a quem tem, será dado; mas àquele que não tem, será tirado até mesmo o que tem'
(Lc 19,26).

Diário Irmã Domícia.

DIÁRIO ESPIRITUAL

NOVEMBRO 1985

D	S	T	Q	Q	S	S
					1	2
3	4	5	6	7	8	9
10	11	12	13	14	15	16
17	18	19	20	21	22	23
24	25	26	27	28	29	30

Apresentação de Nossa Senhora
Missa e ofício da memória

NOVEMBRO

QUINTA

21

Retiro mensal 13/09/2009
memórias da Oração

Texto Bíblico - Apelo - sentimentos — Resistência -
é do fazendeiro rico que leva o Indio e
corre tanto que o indio de repente diz para - para
e parou o indio desceu sentou no barranco
colocou as mãos na cabeço por um tempo, depóis
entrou e disse podemos ir o motorista perguntou
o que foi q. aconteceu? ele disse não corre
tanto que meu espírito ficou para traz...

O que Deus quer falar hoje é na disponibilidade, bondade de Deus p. comigo, confiar
na bondade de Deus p. comigo
verdade eu trago assumir a verdade
a nossa verdade e lugar sacramental, onde
estou, deixar Deus entrar.
Liberalidade, se ajudar a si mesmo
dispondo o seu Coração
Gensses 12 Cap. 12 - 1 a 9 - farei de você
um grande povo, em você todas as gerações
da terra será abençoada......
Babel Cap. 11 - Babel é a humidade da
humanidade q. se divide. deixa Deus de lado
dizendo q. é capaz de fazer sozinhos.
um grande visit. aconteceu no
coração da humanidade

1.ª leit.: 1 Mc 2,15-29 — Evang.: Lc 19,41-44

'Deitarão por terra, a ti e a teus filhos no meio de ti, e não deixarão de ti pedra sobre pedra, porque não reconheceste o tempo em que foste visitada!' **(Lc 19,44)**

Diário Irmã Domícia.

109

Santina Francisca de Nóbrega, Nova Esperança, Paraná, 12 de outubro de 1957. (Acervo irmã Domícia).

Santina Francisca de Nóbrega e amigas, como filhas de Maria. Da esquerda para a direita: Santina, Amélia, Zulmira e Ilma, provavelmente em 1957. (Acervo irmã Domícia).

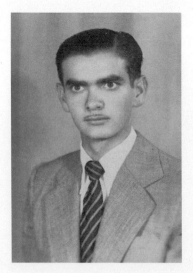

Severino Francisco de Nóbrega, irmão da irmã Domícia, provavelmente em 1957. (Acervo irmã Domícia).

Santina Francisca de Nóbrega com seus irmãos e irmãs. Atrás, da esquerda para a direita: Santina (Irmã Domícia), Vitalina, Delfino, Joventino e Augusta. À frente: Maria de Souza. Provavelmente meados de 1958. (Acervo Irmã Domícia).

Delfino Natal de Souza, irmão da Irmã Domícia,
em 20 de janeiro de 1960, com dois anos e um mês de idade.
(Acervo Irmã Domícia).

Demiciano Antonio de Souza, irmão da Irmã Domícia,
em 20 de janeiro de 1960, com oito meses de idade.
(Acervo Irmã Domícia).

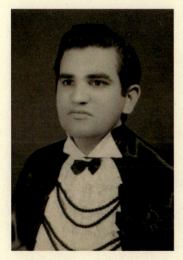

Faustino Francisco de Souza,
irmão da Irmã Domícia, por volta de 1966.
(Acervo Irmã Domícia).

Hugo Dias Souza,
filho de Demiciano Antonio de Souza, em outubro de 1982.
(Acervo Irmã Domícia).

Irmã Domícia, primeira profissão religiosa em 11/02/1966.
(Acervo Irmã Domícia).

Irmã Domícia com sua mãe, Maria José de Nóbrega,
em Curitiba, provavelmente em 1966.

Hospital de Crianças, Curitiba, Paraná, 1967.
A Irmã Domícia é a quinta da esquerda para a direita na primeira fila.
(Acervo Irmã Rosa Manfroi).

DIÁRIO ESPIRITUAL

Irmã Domícia com sua família, provavelmente no final do ano de 1968.
(Acervo Irmã Domícia).

Irmã Domícia com sua família,
provavelmente no final do ano de 1968.
(Acervo Irmã Domícia).

Irmã Domícia com sua família, provavelmente no final do ano de 1968.
(Acervo Irmã Domícia).

Irmã Domícia com sua mãe, Maria José de Nóbrega, provavelmente no final do ano de 1968.
(Acervo Irmã Domícia).

Demiciano Francisco de Souza (pai) e
Maria José de Nóbrega (mãe) da Irmã Domícia, em 1968.

Irmã Domícia com sua família, provavelmente em 1968. (Acervo Irmã Domícia).

João Francisco de Nóbrega,
irmão da Irmã Domícia, por volta de 1970.
(Acervo Irmã Domícia).

Irmã Domícia com sua família, provavelmente em 1970.
(Acervo Irmã Domícia).

Praça do Japão, Batel, Curitiba, Paraná, 1972.
A Irmã Domícia é a terceira da esquerda para a direita na primeira fila em pé.
(Acervo Irmã Rosa Manfroi).

Da esquerda para a direita: Maria Augusta de Souza (avó), Maria José de Nóbrega (mãe) e
Demiciano Francisco de Souza (pai) da Irmã Domícia, em fevereiro de 1973 na propriedade da avó.

Irmã Domícia de Nóbrega, 09/01/1976.
Foto enviada por ela a
Maria Augusta de Souza, sua avó materna.
(Acervo tio Antônio da Nóbrega).

Escola Social Madre Clélia, Paraná, outubro de 1982.
A Irmã Domícia é a primeira à direita.
(Acervo Irmã Rosa Manfroi).

Centro de Espiritualidade Sagrado Coração de Jesus, Curitiba, Paraná, 1980.
A Irmã Domícia é a quarta da direita para a esquerda na primeira fila.
(Acervo Irmã Rosa Manfroi).

Irmã Domícia com irmãos e tios paternos.
Da esquerda para a direita: Irmã Domícia, João, Vitalina, Augusta, tia Carmem e tio Sebastião
(por volta do ano 2000).

As quatro irmãs na casa da Irmã Domícia, em Campina Grande do Sul, Paraná, em 2003.
Da esquerda para a direita: Irmã Domícia, Vitalina, Augusta e Maria de Souza.

Dezembro de 1994

Final de ano, tudo passou, só me resta render graças. Não foi inútil, como disse alguém, para mim tudo foi graça porque fiz tudo por amor, com amor. Em todas as dificuldades sempre fiz e ofereci por amor a Jesus. Sofri humilhações da comunidade, mas sofri por amor e Jesus me deu uma grande paz. Ninguém me sugou, sou consagrada para servir ao Senhor e é nas humilhações de cada dia que estou a serviço do *amor*. Jesus é o meu Senhor e tudo o que sou, faço e tenho é para servir e *amar* o Senhor.

O meu único objetivo é servir e amar a Jesus – tudo o que faço é somente por Ele. Não sou empregada de ninguém, faço tudo por amor, desde lavar uma colher ou colocar no lugar as coisas que deixam fora de lugar. Em silêncio e por amor de Jesus vou colocando tudo no lugar. Se não tenho saúde, meu físico é doente, sofro tudo por amor de Jesus, sem reclamar porque Jesus é tudo para mim. Estou neste lugar porque foi Jesus quem me colocou e por Ele quero ser fiel. Se não tenho condições de realizar grandes coisas, vou fazer pequenas coisas, mas com grande *amor*. Quero viver unida a Jesus em oração para transmitir em silêncio muita paz e amor, com minha vida de consagrada. Sou consagrada para o Senhor e nesta consagração quero viver e morrer. Neste Natal quero confirmar meu programa de vida espiritual – tudo o que sou, faço, tenho é para o Senhor. Jesus é tudo para mim, sou consagrada para servir e amar.

Retiro mensal de janeiro de 1995
Novo Ano

«O tempo, minha filha, vale tanto quanto o Sangue de Jesus Cristo, que é o preço pelo qual fomos resgatados, em todos os momentos de nossa vida»[112]. Jesus me conduz para a fonte da vida. Mais um ano, Senhor, para enfrentar... e quem vai me garantir que chegarei até o final ainda viva para este mundo? Por isso quero renovar meus projetos de amor, glória, reparação, fidelidade, coragem, alegria e estar a serviço do Senhor com muito amor e sofrer por amor minha doença, meu físico doente, minha falta de ânimo por causa do mal-estar que sinto. Meu físico fraco e doentio me deixa tão prostrada. Tenho que fazer um grande esforço para poder caminhar servindo ao Senhor cada dia.

Retiro mensal de fevereiro de 1995

Quando nos deixamos guiar pelo Espírito Santo as nossas obras geram amor, alegria, paz, aceitação do sofrimento, compreensão, bondade, fidelidade, mansidão e equilíbrio. «A Apóstola necessita que o Espírito Santo fecunde o seu coração»[113]. Divino Espírito Santo, vós sois a Luz que me guia, me conduz, ilumina o meu caminhar. Sois meu amigo e protetor, dai-me uma fé profunda para viver a vossa presença em minha vida e testemunhar o amor, a alegria e ser fiel.

Retiro mensal de março de 1995

A vida me apresenta todos os dias tantas e tão preciosas oportunidades de amar, de realizar-me, de fazer o bem. Sei que vale a pena lutar, nada poderá deter meus passos! «Quero ser toda de Deus e, para a sua maior glória, quero esforçar-me com todo o meu ânimo para tornar-me santa, logo santa e grande santa»[114]. Madre Clélia deu uma grande importância à *humildade*. Preciso me esforçar para ter um grande amor a Deus e aos homens. Deus quer tudo, doar-me por inteiro[115]. Devo me esforçar para viver na presença de Deus[116].

Retiro mensal de abril de 1995
Sexta-feira Santa

A Cruz não é fruto de nossa vontade, mas é o chamado de Deus ao martírio. Jesus amou a Cruz que não era Dele e carregou a Cruz por amor[117]. O segredo do meu martírio está no amor profundo de minha fé por Jesus, martírio brando do dia a dia.

Jesus chama os Apóstolos: «Segue-me»[118]. Um dia senti este chamado. Jesus continua me chamando para segui-Lo no dia a dia de minha caminhada. Senhor Jesus, não estou bem de saúde, mas eu creio que este sofrimento é para me purificar e salvar almas – eu me ofereço toda a Vós, em cada instante de minha vida. Quanto mal-estar eu sinto, eu ofereço tudo por Vosso amor, estou em paz oferecendo meus sofrimentos. Jesus, levai-me para o céu, para junto de vós. Maria Santíssima, minha boa e santa Mãe, ajudai-me na hora de minha morte. São José, sede meu protetor na hora da agonia e depois para sempre irei gozar na eternidade junto com meus queridos pais. O que vivo neste mundo é para dar glória a Deus Pai, por amor a Jesus que me amou tanto e doou sua vida por amor.

Retiro mensal de maio, dia 14.05.95
Maria mãe da misericórdia e da redenção

Maria foi a primeira junto aos Apóstolos a testemunhar a força libertadora e redentora do Evangelho de Jesus, portanto, a reveladora do coração misericordioso do seu Divino Filho Jesus. Nas leituras de hoje nos falam do novo céu, da nova terra[119]. Madre Clélia considera Maria Santíssima como a «Apóstola mais fervorosa», a «primeira dentre as mártires» e que devo tomá-la como modelo no exercício da fé, da caridade, no recolhimento, na pureza dos pensamentos, das palavras e dos atos. Nos momentos difíceis recorrer a Maria pedindo auxílio e proteção. Aceitar os acontecimentos sem murmuração, vendo a mão de Deus em tudo, porque tudo é dele. Vivo para Ele, sou consagrada para estar a serviço do Senhor. O que faço, o que tenho, o que sou pertence ao Senhor, ele é dono de tudo. Aceitar tudo com amor e viver por amor porque onde estou, o que faço, foi o Senhor quem me preparou, devo aceitar com fé e confiança no Senhor. Fazer por amor o dia a dia como se fosse o meu último dia neste mundo. Se eu soubesse que hoje vou morrer, estou tranquila porque estou vivendo e fazendo o que ele me preparou.

Maria viveu em uma intimidade crescente com Jesus seu Filho e Nele se transformou em coração misericordioso. Eu, como consagrada ao Divino Coração de Jesus, devo procurar viver sempre unida a Jesus, sendo fiel à minha consagração: amar muito, colocar intenções a todo o momento do meu dia a dia, servir com alegria, ter muita visão para viver a caridade, suportando com amor, paz e paciência todas as contrariedades de cada dia. Tudo posso naquele que me conforta. Jesus é o Senhor e eu estou a serviço do Senhor, é Ele quem me conduz. Maria, minha boa e santa Mãe, sede minha companheira, minha amiga e protetora, ficai sempre ao meu lado para me proteger, auxiliar e me conduzir pelo bom caminho que me leva ao céu.

Não sei por que... quando pergunto onde Jesus quer o meu «sim», eu fico emocionada e choro, meus olhos vertem lágrimas e não sei o que responder. Mas estou convencida e digo para mim mesma: «Sou toda Dele, Ele sabe o que fazer de mim, pertenço a Ele, quero ser fiel e aceitar o que Ele quiser de mim».

Retiro mensal de 05 de junho de 1995
Dom Eusébio

O grande título do Sínodo sobre a vida consagrada é a Igreja que fala pela voz do Bispo como um profeta pela Igreja, como um elemento constitutivo. Exemplo: Isaías, quando foi anunciar e os seus lábios não estavam puros, um Anjo veio com uma brasa e os purificou... Situação de Jeremias que dizia: «Não sei falar». Deus nunca se repete. Deus tem sempre alguma coisa para me dizer, seja em qualquer hora e lugar.

«Sem mim nada podeis fazer»[120], se não for pela força do Espírito Santo nada podemos fazer. Viver sem Deus um dia, seria um inferno. Fazer a experiência de Deus. O amor de Deus se mede pela Divina humanidade. A medida do amor de Deus é a medida do amor humano. Experiência de Deus, cada um faz como quer. Santo Agostinho tocava violino com dois pauzinhos e sentia o som da própria música de um violino.

Coloquemo-nos todos com os discípulos que vão para o monte Tabor. Para subir ao monte Tabor temos que deixar lá embaixo todo o nosso trabalho e ver Jesus de forma diferente. Ele conduz cada um por um outro caminho. Queremos ver Jesus transformado. Entrar na nuvem quer dizer em um clima Divino, em outra atmosfera, em um ambiente verdadeiramente Divino e sentir temor quando o Pai diz: «Este é meu Filho onde tenho relacionamento no amor. Escutai-O».

Tema anterior do Sínodo

Realidade do meu Batismo. A riqueza do Batismo é tão grande que a nossa Consagração vem depois. É o Batismo a nossa Consagração específica. O Capítulo 6 da *Carta de São Paulo aos Romanos* diz: «Mortos com Cristo, ressuscitados com Cristo». O nome é coisa sagrada, por este nome você é chamada pelo Pai, Filho e Espírito Santo. O nome vale pela pessoa. Os nomes estão escritos no céu. Lá no céu vai ter o meu nome.

O nome é a primeira realidade, recebemos uma vida nova, recebemos a própria vida de Deus em nossas próprias mãos[121]. É como aplicar uma injeção, ela está sendo movida pela vida Divina, sendo consagrada. Santa Teresinha se sentiu feliz quando soube que estava com tuberculose porque sabia que sua vida estava no fim e iria logo ver a Deus.

A minha vida de consagrada

Vida consagrada se trata de algo radical, novo. O religioso é ungido pelo Senhor por uma vocação específica. O religioso é um dom específico do Pai. É um chamado tão curioso. Por exemplo, Santa Teresinha tinha uma família santa e Jesus a chamou para ir ao Carmelo e lhe disse: «É lá que eu te quero». Santa Teresinha teve que colocar outros valores acima de outros valores.

Senhor, podeis contar comigo. Ai de mim se meu amor não for especial. Tereza de Calcutá: feia, desafia qualquer esposa e diz que ela ama mais seu Esposo do que qualquer esposa ama seu esposo. O ter não é proibido, o importante é que o Senhor seja meu tesouro. Onde estiver o meu tesouro, ali estará o meu coração. Se sou consagrada, onde ele me chamou é que devo florescer. Querer eu não quero, mas se tu quiseres... Ninguém é inútil na Igreja e quando eu não conseguir fazer mais nada... Se nós não fizermos, ninguém vai fazer. O modelo de tudo isto é ver Jesus de perto, se o Esposo me chama, todo dia é um novo chamado. *Colocar como um programa de vida*: «O que é do seu agrado eu faço sempre»[122].

«Vós não sabíeis que devo ocupar-me das coisas de meu Pai?» Santa Teresa: «Meu Deus e meu Tudo». Precisamos dar testemunho na Igreja e no mundo. Uma irmã foi transferida e chorava, a outra perguntou: lá não tem Jesus?

Não é fácil amar os doentes. Quando alguém sai do hospital nunca diz «muito obrigado». Um leito de dor é um altar do Senhor. Amar os pobres por amor especial porque Jesus me escolheu para isso e eles não são fáceis. Quando se é consagrada, a vida é extraordinária, a escolha é extraordinária e tem ainda a vida comunitária. A vida comunitária é a coisa mais bonita se a gente tem um pouquinho de abertura. «Escrevi o teu nome na palma de minha mão».

Nosso atual Papa fala várias línguas, é um fenômeno, nunca houve igual. O Santo Padre esteve presente em todas as sessões, sempre sorridente, só ouviu e se pronunciou na abertura e no final dos trabalhos. Estava sempre contente e queria ouvir.

Segundo dia de retiro: vida de oração na vida de uma consagrada

Quando uma pessoa entra em crise é porque não tem motivações profundas, enraizadas, que sejam mais fortes do que aquilo que há de vir. «Eu só acredito no que é difícil». Exemplo: Tereza de Los Andes via o Senhor e se admirou que o confessor não via. Por que rezar? Há momentos em que tenho que fazer oração de agonia. Oração do Magnificat, como Nossa Senhora com Jesus dentro de si[123].

Ninguém trabalhou e viajou tanto como São Paulo. Ele disse: «Eu rezo constantemente por vocês, não me esqueço de ninguém em todas as minhas orações». É uma coisa sumamente agradável a oração. O discípulo disse: «Ficai conosco, Senhor, porque a noite vem caindo». Fica conosco, Senhor. Senhor, fazei com que eu veja. Se vós quiserdes, podereis curar-me, se tivermos coragem quando a coisa se torna difícil. Senhor, ensina-nos a rezar, a oração é uma arte. É o Senhor, o Espírito Santo, que desata nossa língua, é um impulso sobrenatural que me impulsiona a rezar. Por que rezar? Não é fácil. Ele já sabe tudo. Jesus rezou também, Nossa Senhora também, os Apóstolos também, os Santos todos rezaram. É também um pedido expresso de Jesus: «Rezai sempre, rezai muito». Colocar todas as nossas orações dentro do Pai Nosso. «Pedi e recebereis tudo o que pedirdes ao meu Pai e até agora nada pedistes»[124].

O segredo de estar bem onde quer que eu esteja é uma profunda amizade com Deus. Eu te adoro, Senhor. Pai, eu te adoro. Jesus, eu te adoro. Espírito Santo, eu te adoro. Não é possível ter um amigo e não gostar de falar com Ele. Quanto maior for essa amizade, mais ela se aprofunda. O sucesso do nosso trabalho depende da oração[125]. A oração se torna a garantia de qualquer obra, qualquer coisa, mesmo nas mais simples reuniões, ornamentações.

Quando eu rezo, eu conheço a soberania de Deus. É só Deus, tudo fica de fora. Só Deus é único e necessário. Não houve mais nada, somente Ele, tenho que sumir, só Ele basta. Quando fico distraída e arrastada para outro lugar, é *o maior inimigo*. Deus é o amigo maior.

> Dar-se a Jesus e nada mais[126].

A fé traduzida é oração. Eu vivo e vibro com os segredos de Deus.

Oficinas de oração do Padre Larrañaga: entrar nos segredos de Deus. Nossa Senhora disse: «Como se fará isto»? Ela já era toda de Deus e o Anjo lhe diz: «O Espírito Santo descerá sobre ti». Ela não entendeu nada e aceitou. Nunca perguntar para Deus me dar explicações porque não vou entender mesmo. Exemplo: eleita para assumir uma coisa para a qual não tenho capacidade, a oração me capacita para qualquer coisa que devo fazer.

A oração é deixar Deus entrar em mim. Abrir-me para Deus é muito mais, abrir-me para que Deus entre em mim, é dom, é acolhida. A oração é essencialmente amizade com Deus. Um matuto, bem matuto, um simples homem da roça, estava diante de uma luz de mãos postas. «Fico todo ali por ele porque ele está todo ali para mim». Eu me sinto muito melhor quando estou com ele do que quando falo com ele.

Hoje nós estamos em um mundo erotizado. O que o mundo mais precisa é do testemunho. Este mundo não é o mundo que Cristo quis. Nós navegamos em um mundo de lodo, vivemos em um mundo de superficialismos. A música é só barulho, isto está ligado a drogas, sensualismo, é uma época em que não está fácil viver a castidade. O mundo nos oferece a todo instante estas coisas, é melhor viver de olhos fechados porque tudo irrita.

É difícil viver a vida consagrada. É preciso um amor heroico para ser verdadeiramente consagrada. Mas o mundo já está saturado e há uma grande procura do amor transcendente e o maior problema é o amor conjugal, hoje há mais separações do que casamentos.

- Ler no Catecismo Novo um artigo sobre o homossexualismo na parte da Moral.

- Lugar de doentes não é no seminário e nem na vida religiosa.

– Deus é amor, por isso trazemos em nós congenitamente a consciência de amar e quem não ama se condena. Mas não confundir amor com sexualismo. Exemplo: Tereza de Calcutá desafia qualquer mulher que ame seu esposo mais do que ela.

– Nós precisamos de um amor desinteressado. É nosso ser amoroso que nós doamos. Às vezes, nosso amor é egoísta e amamos a nós mesmos. Exemplo: aquele que se afogou para abraçar sua sombra... Nós não renunciamos ao nosso amor. Colocamos a totalidade do amor que é doação a uma missão, é uma entrega imediata, entrega direta porque Ele me chamou para isto. O casal é intermediário, ama a esposa para amar a Deus.

– A comunidade tem obrigação de exigir meu amor. Eu não desprezo meu amor que é sexualizado, mas eu o entrego ao Senhor que é o meu amor. Nunca dizer nada porque quando fiz o voto eu fui livre, é uma decisão livre. «Ah, eu não sabia». Não sabia mesmo, basta ter a graça que é a força Divina que torna o impossível no possível, ninguém sabe o que vai acontecer. Eu sei a quem entreguei meu amor[127].

– Cuidar para não confundir tentação com vocação. Meu Deus e meu tudo, só eu sei quanto lutei.

– Doação de Cristo. Primeiramente ele se deu. Jesus amou as mulheres como se deve. Tudo o que é meu é teu. Se eu disser ao Senhor: «Tudo o que é meu é teu», será que é mesmo? Isto é alegria, Ele é o mais importante. Jesus disse: «Tudo o que eu sabia eu dei, não reservei nada para mim». Devo andar bem arrumada porque são os outros que veem meu véu. Na doação amorosa ficou um pedacinho de pão para mim.

– Como está minha doação de amor?

– Meu coração está realmente na Igreja? Minha doação é para estar mais disponível à Igreja.

– Uma certa solidão sempre teremos, ela é um pedacinho da Cruz que nós recebemos.

– Quero cultivar boas e estáveis amizades, mas não excluir ninguém. Tenha uma casa sempre acolhedora, goste de seu quarto, feche seu quarto e reze em silêncio. Desejo ser acolhedora mesmo que chegue um bêbado, se ele for bem acolhido poderá pensar que é Nossa

Senhora. Qualquer pessoa tem o direito de ser bem acolhida. A graça nunca nos é negada, desde que a gente peça com confiança. Ele nos escolheu para sermos Santos[128].

- Fala-se muito, devo falar menos. Nunca mostrar cara feia. O religioso deve ser testemunha e proclamar sua única riqueza que é o absoluto de Deus.

- Minha pobreza ao olhar para o Transpassado: é lá que está Jesus morto, mais forte na pobreza[129]. Estamos em uma época de consumismo, de contrastes, é um escândalo de pobreza e de riqueza. A pobreza encerra toda a nossa consagração, porque nós damos tudo, o meu amor eu dei, os meus afetos... Morte radical a todo interesse humano para que possa surgir vida nova. Nós não sofremos a pobreza, nós a escolhemos voluntariamente. É importante, é uma liberdade, é uma escolha que fizemos. Não temos aqui cidade permanente, somos transferidas, às vezes na mesma casa temos nova missão. Onde formos, estaremos em casa.

Cristo foi um peregrino. Sempre ser peregrinante, é melhor para não ter apegos. Gostar de onde se vai, os costumes, desde as comidas. Quem muda sempre, não dá para se instalar. A pobreza se resume em estar nas coisas de meu Pai, é lá que está nosso tesouro. «Tudo é relativo, menos Deus que é meu absoluto». Testemunho que os religiosos dão: «Sois missionárias, ide pelo mundo». Nossos tesouros são os pobres porque em cada pobre nós vemos o rosto de Cristo. Estar junto com os pobres, porque eles se sentem excluídos. Estar próximo também dos doentes, estar próximo das pessoas que estão em depressão. O voto de pobreza nos proíbe de ter saudades. Quem está preso em suas próprias ideias não serve para o diálogo. Apegos com a própria saúde, preocupar-se com o fato que vai ficar doente, apego a pessoas e lugar. Ele escolheu um lugar que era miserável para nascer – família pobre, mas riquíssima Divinamente.

Se eu estou bem, devo passar para os outros. Coirmãs são dadas para que eu possa passar para outras pessoas, distribuir para os outros. Colocar em distribuição tudo o que eu tenho. Jesus, sendo rico, se fez pobre para nos enriquecer.

Atos dos Apóstolos

Antes da vinda do Espírito Santo, 120 pessoas estavam reunidas na sala de cima. Quando fizer a meditação, é preciso ouvir a pessoa falar. A vocação é obra Divina, é o Senhor que escolhe. A campanha vocacional é a alegria de quem vive sua própria vocação.

Deus não se repete, cada dia tem suas surpresas. A Evangelização é dever primário, cada um tem que encontrar um novo ardor, novas expressões, novos métodos. Não se preocupar em ganhar o céu, trabalhar por Ele e Ele vai te dar.

Mensagem do sínodo: a obediência é a vitória da graça, porque a graça influi sobre a liberdade. Pela obediência deixamos nossos projetos individuais pela causa do Reino, renunciamos a nossos projetos individuais para assumir um projeto Divino.

A dinâmica na minha vida de consagrada

- Olhar muito a obediência de Cristo.
- Obediência não vale nada se não for feita por amor, é por amor que se faz. A obediência é um sacrifício eficaz, disponibilidade por amor e com amor. Dizer ao Senhor: «Disponha». Para chegar a esta disponibilidade é preciso contar com a vitória da graça. Eis que venho, Senhor, para fazer a vossa vontade. Deus tem vontade que eu faça assim... Olhe para Aquele por cujo amor eu obedeço e não à Madre, porque fiz voto a Deus. Nós não sabemos por que Jesus se encarnou, foi Jesus quem nos falou sobre o Espírito Santo. São Paulo nos falou bem quem é o Espírito Santo. Jesus veio ensinar quem é Deus, apresentar quem é Deus. Ele mesmo disse ser o Bom Pastor[130]. Tende em vós os mesmos sentimentos ou afetos de Cristo Jesus.

– Humilhação vem de pequeno, do chão. Então se fazer pequena e mesmo que caia, se levanta e nem se machuca. Ler a vida de Santa Teresinha, que não tinha vaidade.

Cristo obedece por puro amor ao Divino Espírito Santo. «*O que lhe agrada* eu faço *sempre*». É um agrado de Jesus ao Pai. A obediência é simplesmente fazer o agrado de quem eu amo. Esta obediência de Jesus se torna fecunda e eficaz. Obediência eficaz sempre agrada, foi ela que nos salvou, a nossa é também a obediência de Jesus, é toda especial, encerra característica da confiança.

Jesus confia no Pai, é uma obediência filial. Se sou chamada para um lugar, a obediência é realizadora porque vou por amor. Tu vais ser consagrada porque tu queres. A obediência é *vitoriosa*. Tudo o que Jesus sofreu tornou-se vitorioso pela Ressurreição. Nunca esquecer este verso como Apóstola[131].

No alto da Cruz ele revela quem Ele é. O centurião reconhece, é o Filho de Deus. É em cima da obediência de Jesus que se planta a nossa obediência. A nossa obediência é para fazer por amor e eu entrei para servir. A quem? Ao Reino de Deus. Renuncio a meu amor pequeno para o amor infinito, não para ganhar o céu, mas para servir, o resto vem de graça. O Reino dos céus está em um carisma, se faço com obediência. Uma obediência que se faz por amor se torna fácil e meritória, é um ato consciente de amor. Dentro de uma comunidade somos corresponsáveis e devemos procurar o que é melhor. Nunca se deve ir contra a autoridade, mas ir além. Revoltada é aquela que dá coices em si mesma. A revolta é a pior coisa na comunidade, ela estraga tudo. Pessoa revoltada não é obediente, a pior atitude, é a de revolta. Deus ama quem dá com *alegria*, eu dou o meu maior tesouro que é alegria. Deus só ama aquilo que se dá com alegria[132].

– Quem tem que mandar? Eu mando porque descobri que é a vontade de Deus.

Minha missão é Evangelizar. Encíclica *Redemptoris Missio*. O capítulo 10 do *Evangelho segundo São Mateus* é todo missão, em paralelo com o *Evangelho segundo São Lucas* 10, 1-20.

1. Por que Evangelizar?

2. O que é Evangelizar?

3. A quem Evangelizar?

4. O que Evangelizar?

5. Como Evangelizar?

Toda a preocupação do Papa está aqui. Apóstola é a mesma coisa que Evangelizar. Apóstolo significa Enviar. Missionário e Apóstolo são a mesma coisa. O Apóstolo é um Evangelizador, a Apóstola é enviada para evangelizar. «Evangelizar para mim não é uma glória, mas é um dever»[133].

Por que Evangelizar?

1. Porque a verdade é essencialmente comunicativa, ela explode de qualquer jeito. Quanto mais se pode possuir, mais é comunicativa a verdade. Jesus disse: «A minha verdade é Espírito e Vida».

2. Nós recebemos o Espírito da verdade no Batismo e, de modo especial, na Crisma. O Espírito não deixa nunca quieto. Na hora em que é consagrada, a gente recebe a força do Espírito.

3. Quem faz uma profunda experiência de Deus tem o desejo que o outro também faça. Quanto mais profunda chega a raiz de meu ser... como Isaías, no capítulo 6: «Envia-me, Senhor, manda-me».

4. Teologia Bíblica: fomos criados à imagem do Verbo, da pessoa humana de Jesus. Jesus é a Palavra de Deus feita carne. Se nós somos feitos à imagem da verdade, somos feitos com o desejo de irradiar.

Por que Evangelizar? Porque somos filhas da Igreja, a Igreja é essencialmente evangelizadora. Quanto mais se faz a experiência de Deus, mais se sente impelido a anunciar a Palavra de Deus. E quem se sente Igreja não pode calar.

O que é Evangelizar?

Significa anunciar uma grande alegria, nós somos anunciadores da grande alegria. É apelo de conversão, é anúncio de conversão[134]. Evangelizar é tentar construir um homem novo na justiça da verdade e da caridade[135]. Evangelizar é criar um homem novo e aí a sociedade vai mudar. Se não sou solidário não sou nada e quando sou solidário se torna fraternidade.

A quem Evangelizar?

Jesus diz: «A todos os povos, todas as criaturas, todas as raças e nações». Saber Evangelizar em todas as situações, doentes, ignorantes, simples, simplórios, doentes revoltados em estado terminal, é preciso também Evangelizar os sábios. Dom Eugênio Salles chamava uma vez por mês todos os artistas na casa do Sumaré, no Rio de Janeiro. Estes artistas eram explorados. Os angustiados supõem que a religiosa tem muita paz. Os desesperados, os pobres, todas as camadas sociais têm o direito de receber o Evangelho. É preciso evangelizar os políticos.

O que Evangelizar?

O que é que vou anunciar? O que vou falar? Nosso esposo é ciumento, ou eu dou tudo ou nada. Deus quer tudo, porque é infinito. É preciso ser devota do Espírito Santo, que vai dizer na hora certa o que devo falar, chorar junto e depois Evangelizar. Primeiro anúncio do Evangelho: o que Deus pensa do mundo – «Dominai e possuí a terra». Os bens são de todos. O que Deus pensa sobre nós homens? Que nós somos Imagem dele, é de lá que parte nossa fraternidade. A criatura feita à imagem de Deus é pouco menor do que um Anjo.

Felizes de nós se tivermos saudades do infinito. Deus escreve seu desejo de se comunicar conosco, nos chama de filhos e filhas, nos faz colaboradores. E para os consagrados ele diz: «*Tu és meu*». Somos templos do Espírito Santo. Nós temos inato em nós o eterno Divino, a nossa sede de Deus. O grande grito no mundo é acreditar que os religiosos deem testemunho de Deus.

O que Deus pensa de si mesmo? Deus é Pai cheio de amor. Deus é irmão em Cristo. Deus é consolador, nunca está só, Deus está sempre presente. Eu nunca vos deixarei sozinhos. Ele é mestre, médico, libertador, é Pai, é Filho, é um clima familiar. No Sínodo, falou-se da vida religiosa como nunca foi falado.

Como evangelizar?

Estar próximo do evangelizando, quanto mais perto melhor. Empatia é colocar-se no lugar do outro, chorar com os que choram. Cristo se fez em nós a tudo, menos no pecado. Cada pessoa tem sua história, é preciso entrar na sua história para poder conquistá-lo. Escrever, não ter medo de mandar para revistas e jornais. Saber aproveitar a religiosidade.

Vida de comunidade
A minha vida comunitária enquanto consagrada

A vida comunitária condiciona a viver os votos. Basta se pensar na condição integral do amor. Pensar bem nos votos que fizemos. Escolhemos viver em Comunidade. Não podemos aceitar obras que não têm vida comunitária. No sínodo, a vida comunitária foi um dos melhores testemunhos. A condição de se viver em comunidade, o substrato, é a vida de caridade. Santa Teresinha viveu a caridade, era exigente quando foi Mestra das noviças[136].

O cenário para se viver uma vida de caridade está no capítulo 13 do *Evangelho segundo São João*. Ele explica o porquê. Quando se tem dificuldade para viver a comunidade, é que falta razão para vivê-la. O amor e a fé devem ser muito fortes para superar as dificuldades. Deus nos amou por primeiro, quando éramos ainda pecadores[137].

Eucaristia comum + união

É união nossa com Cristo e Cristo conosco. É difícil sair da comunhão e ter um desencontro com um irmão. No momento em que se esvazia de si a vida comunitária se torna fácil. A vida comunitária é uma

DIÁRIO ESPIRITUAL

preciosidade. No momento que eu desrespeito o outro, é a mim mesmo que estou desrespeitando porque a Imagem de Deus está em mim e no outro. Uma comunidade vai bem quando todos se integram, cada um dá de si. Quando uma comunidade não vai bem, invoquemos o Espírito Santo, é Ele quem transforma. O Espírito Santo é quem dá o carisma, dom especial que se dá para o benefício da Comunidade. Quanto mais carisma houver em uma comunidade, melhor é. Com nossa fraqueza ofendemos a Deus e como reparar? Ser mais atenta, reparar dentro da comunidade. Santo Agostinho não sabia mais o que fazer para reparar. Santa Mônica conseguiu e Santo Agostinho fez tudo em espírito de reparação.

Em uma comunidade alguém pode até ser excluído. Santa Teresinha ia com aquelas com quem ninguém ia conversar. Jesus Cristo nos mostrou como se faz uma vida comunitária, ele fez uma das mais difíceis. O carisma é um elo de dons – o mesmo Pai, a mesma Igreja, a mesma Mãe, a mesma vocação, o mesmo navio, o mesmo céu. O mesmo navio que nos leva ao mesmo porto. Não esperar uma comunidade prontinha, depende de cada um de nós. Não somos feitos pela comunidade, sou eu que construo, é cada um que se constrói, sou eu que vou construir. Jesus disse: «O que é que conversavam pelo caminho»?

Quando existe problema em uma comunidade, é por falta de oração e de caridade, é por falta de fé. O que atrapalha muito na comunidade é a falta de humildade. Tem-se inveja de quem manda. Cuidar muito para não ofender ninguém, chamar a atenção com muito cuidado. Perdoar é uma arte divina e o Senhor nos concede essa arte.

O que chega a estragar a comunidade é o melindre, dor de cotovelo. Saber elogiar, nunca ter medo de elogiar. O elogio faz bem e Deus faz grandes coisas em suas servas. O azedume é o pior clima em uma comunidade. A caridade é de fato a norma que rege a comunidade.

> Não esperar as grandes ocasiões
> para viver o seu carisma, é melhor pegar
> as pequeninas que elas vêm a toda hora[138].

O mistério da Cruz na minha vida de Consagrada

Ler uma das quatro paixões do Senhor, o relato mais completo é o de São João. Depois de ter vivido alguns tempos com Nossa Senhora ele escreveu este Evangelho. Sobre o mistério da dor e do sofrimento, a cruz é a única resposta em alguns determinados momentos. Nós encontramos a cruz com muita frequência em nossa vida. A cruz era considerada como um escândalo. Para os judeus a cruz era maldição, para nós se tornou a maior bênção[139]. O mundo não aceita a Cruz, nós não gostamos da Cruz. O sofrimento e a cruz repugnam, a cruz é loucura. Para Santa Terezinha a cruz era tudo. O grande escândalo dos Apóstolos foi o sofrimento de Jesus. Todos fugiram, exceto São João que ficou aos pés da cruz.

Nossa cruz nos acompanha. A cruz não é tristeza, mas sinônimo de Ressurreição. Os santos gostavam da cruz, alguns se enamoraram dela. Ela é a única resposta nas situações limites como o desânimo, a depressão, a doença, a morte. A morte é a queda no nada, segundo uma definição errada. A cruz é uma escola, uma escola permanente. É preciso que diariamente eu tome a minha cruz e siga. «Quem quiser ser meu discípulo tome sua cruz e me siga». A cruz me acompanha desde o amanhecer até o anoitecer. Já recebi minha Cruz desde o dia em que fui batizada, crismada. Não abraçar a cruz com tristeza. Jesus não via a hora de abraçar a Cruz.

A cruz é o centro da história e caminhamos à sua sombra. A Cruz está de pé enquanto a história avança. Não podemos deixar de olhar o Transpassado. Devemos olhar a chaga de Jesus e a única resposta é esta: vão ter que olhar, olhar a chaga. Contemplar o Coração de Cristo vai nos lembrar a maior prova de Amor de Cristo por mim, a maior prova de Amor do Pai para conosco, amou e nos deu Amor. Ninguém tem maior amor[140]. Este olhar estimulava os mártires do coração transpassado.

† No sentido horizontal da cruz, tudo está em comum conosco, no sentido vertical tudo está em comum com o divino. A cruz está fincada na terra onde está a humanidade. A justiça e a misericórdia se encontram na cruz. Jesus foi à cruz porque foi por nós e pelo Pai. Ele aceitou. Jesus morreu de asfixia pulmonar. Jesus disse: «Pai, eu perdoo a todos». Perdão coletivo. Jesus, por este gesto, nos mereceu a vocação. A cruz é a fonte de salvação. Para todos nós a cruz é sinal de Esperança. Quando a cruz está em sua vida é sinal que Cristo está com você. Ele é o Senhor cruci-

ficado. Colocar a cruz na frente é uma norma muito prática de direção espiritual. Em uma situação difícil, colocar a cruz presente. Males físicos, morais, imprevistos, incertezas, situações limites... nunca dar um passo sem consultar o crucificado †.

A Eucaristia na minha vida de Consagrada
Esta meditação é tipicamente pessoal

1. Clima da Instituição da Eucaristia.
2. O Cristo em si mesmo.
3. O Cristo no relacionamento conosco.

O Clima em que foi instituída a Eucaristia, foi de festa. Jesus não tinha partido ainda e já sentia que criara certa tristeza, pairava no ar um cheiro de sangue porque se mataram os cordeiros. Jesus ia instituir uma nova Aliança. Era uma festa de despedida e Jesus assim o queria. «Eu desejei ardentemente comer esta Páscoa com vocês». Tendo amado os seus, amou-os até o ponto onde queria chegar. A Eucaristia é a imersão de Jesus, isto é, obra da personalidade dele como sua oferta ao Pai, em sua humanidade por nós. Aqui sim ele se aniquilou, virou matéria feito pedaço de pão. A exposição do Santíssimo é para se ter o desejo de se alimentar sob forma de pão, para se ter o desejo de matar nossa sede, nossa ânsia de nos alimentar dele. Perguntar a Jesus se Ele está contente quando eu comungo. É porque eu preciso dele. Muita gente vai comungar sem estar preparado, mas os Apóstolos também não estavam prepara-dos. A Eucaristia é o ápice do ponto de oração. Para mim a Eucaristia é tudo. Na fração do pão reconhecemos o Coração de Jesus. Exemplo: os discípulos de Emaús o reconheceram na fração do pão. A Eucaristia é a minha vida. Jesus nos dá uma refeição para nos animar.

Na Eucaristia nós nos tornamos comensais, comemos o mesmo pão. A eucaristia é a que me dá saudades do Senhor. Na Eucaristia nós comungamos Jesus glorioso. Eu me torno um com Ele, me transformo e me torno gloriosa com Ele, que se chama Pão de Vida Eterna. E quando morrer, o Pai vai nos receber por estarmos com Cristo. Quanto mais eu me assemelho a Ele, mais assimilo a morte porque já ressuscitamos com Ele. Quanto maior a amizade, maior o relacionamento[141].

Maria Santíssima é inspiradora da vida consagrada. Maria é o modelo de resposta ao chamado Divino. Pedimos a Maria que ela proteja e renove todos os membros da vida consagrada. Estamos no tempo e no espaço e Nossa Senhora nos anima. Nunca devemos desanimar. A Igreja avança ao ritmo da renovação. Maria Santíssima é a animação da minha vida consagrada[142]. A religião popular da América Latina está toda em torno de Maria. Maria ocupa o lugar mais próximo de Deus e o lugar mais próximo de nós, por isso nos entende e sempre nos atende. É o modelo da Igreja em sua fase final. Ela está inteiramente glorificada, ao adormecer no Senhor.

> Ela é modelo em todos os aspectos.
> Basta fazer um dia de devoção a Nossa Senhora
> do Perpétuo Socorro e vem o povo em massa.

Maria exige, na família, a presença de Deus e o toque feminino cativa muito. Maria representa para os consagrados a fidelidade ao chamado e abertura aos apelos renovados que Deus me dá a toda hora.

– *O silêncio* diante do mistério e meditava lá no fundo o mistério que às vezes não se entende.

– *A docilidade* aos mínimos desejos, confiança absoluta.

– *Constância* e perseverança até o fim. Será coroado aquele que for até o fim.

– *Confiança* ilimitada naquele que a guiava.

Nossa Senhora era uma simples criatura dona de casa, sua casa era simples, triturava trigo para o pão de cada dia. Assava o pão na brasa, leite de cabra, ela mesma tirava o leite, tinha só banquinhos, esteiras para dormir, buscava água na fonte, rezava os Salmos, não fazia fofoca. Nossa Senhora foi a que melhor entendeu o Evangelho, ia meditando no seu coração o significado, teve muito tempo para interiorizar. Ela estava sempre junto. *Redemptoris Mater*. Mulher de fé. Não estava claro para ela, foi descobrindo isto passo a passo pelo poder da fé. Na fuga para o Egito ela não sabia como e quando iria perder seu filho, ela estava nas

DIÁRIO ESPIRITUAL

mãos de São José. Exemplo: arte da sagrada família na fuga para o Egito, na Catedral de Florianópolis. A coragem de São José é espetacular. Ele é esperto e corajoso.

Nossa Senhora torna-se peregrina do Evangelho. Supõe-se que ela já sabia. Nas bodas de Caná ela sabia que seu Filho era Deus. Com certeza ela também foi na sepultura. Ela também chorou com Jesus na cruz, mas ela ofereceu seu Filho. Depois que Jesus subiu ao céu, ela se tornou a Mãe da Igreja, presente junto dos Apóstolos.

Maria é a mais próxima de nós, ela é nossa Mãe e companheira, ela caminha comigo, me ajuda, me protege. Ela era uma simples criatura e teve uma graça nova, invadida por Deus que a levou para o céu. Ela é a mãe das pessoas consagradas. Ela se identifica com a sorte do povo, foi trabalhadora, mais simples, mãe do Sacerdote Eterno. Quando rezar a Ave Maria, enumere todas as alegrias, cheia de graça, todas as graças que recebo. O Senhor está contigo, comigo também... Bendita entre tantas mulheres, eu entre tantas consagradas e Bendito é o fruto de teu ventre, Jesus. Ela me salva e me dá todas as vezes que eu peço que me impregne de santidade em tudo o que eu faço.

Ela sabe muito bem o quanto nós estamos em perigo. Roga por nós para que a nossa morte seja parecida com a tua. A nossa confiança é maior, por isto não tenho medo da morte. Que na hora da morte eu seja pobre: tu a tiraste, aqui a tenha.

> Na hora da morte terei Jesus, Maria, José, o Espírito Santo, meu Anjo da Guarda, meus Santos protetores, meus pais que já se foram.

Cuidar para que as orações e Salmos não virem rotina. Os Salmos foram rezados também por Jesus, Maria, José e todos os Santos. Dormir chorando e acordar com alegria. Às vezes choramos tanto que formamos lama e depois ficamos patinando nesta lama, reclamando de tudo e de todos. Ter Maria como companheira em nossas caminhadas. Alimentar nossa fé para que seja fecunda, basta um tiquinho de fé para que possa transformar nossa vida.

Quem tem Santa Teresinha como padroeira nunca se perde. É na humildade que se consegue a meta final, despojar-me de tudo, de mim mesma, tornar-se pequena e se cair, não se machuca e é mais fácil levantar. Buscar sempre vida nova que é conversão. Maria está próxima de nós, devo invocar sempre sua presença em minha vida. Minha vida de consagrada é muito importante para a Igreja e para o mundo. Devo dar testemunho vivendo na humildade e oração, escondida nas pequenas coisas de cada dia.

– Vive bem quem reza bem.

– É no silêncio que se ouve a voz de Deus.

– É preciso ouvir o que Deus nos fala através de boas leituras... aproveitar o tempo, não perder tempo.

Deus nos é mais íntimo do que nós a nós mesmos[143].

Retiro mensal de julho de 1995
A Igreja nasce do Coração de Jesus na Cruz

Este mês é dedicado ao Sangue precioso de Jesus Cristo. Ele deu a própria vida pela Igreja. Ele santificou a Igreja purificando-a no banho de seu Sangue, portanto a Igreja nasce do seu lado aberto. A saída de sangue e água de seu lado transpassado, é o sinal através do qual Deus aponta a todas as pessoas a fonte de toda salvação[144]. Quero entrar nesta chaga de Jesus e ali permanecer, ser lavada neste sangue que jorra para ser purificada. Fomos criados para a glória de Deus Pai. Jesus me fala: «Eu sou a videira verdadeira e meu Pai é o agricultor».

Apelos para viver neste mês:

– Deus por ser simples não se repete e tem sempre alguma coisa a me dizer, em qualquer hora e lugar. «Sem mim nada podeis fazer».

– Devo invocar com fé e *ardor* o Espírito Santo.

– Sempre me esforçar e ter um novo *ardor*.

– Fazer muitas vezes a experiência de Deus em minha vida.

– Viver na alegria do amor divino que recebi no Santo Batismo.

- Renovar com ardor minha vida de consagrada.
- Valorizar as pequenas coisas.
- Lembrar sempre e com muito amor que sou consagrada. Devo dar bom exemplo de vida consagrada dentro da Igreja e a Igreja conta comigo[145].

«Se alguém quiser vir comigo, renuncie a si mesmo, tome sua Cruz e me siga». Jesus me fala que devo segui-Lo com tudo o que sou, tenho e faço, minhas misérias, doenças e dar um jeito para tudo quando se quer segui-lo. Eu faço as mais belas experiências onde estou para segui-Lo.

O Coração de Jesus é fonte de misericórdia e jorra sobre nós muitas e santas graças. Madre Clélia, que por muito tempo experimentou e conheceu o amor, permanecendo naquele Coração, caracteriza-o com expressões e imagens maravilhosas, único repouso das almas cansadas. Jesus, que é o Senhor de tudo, nos conduz para a vida eterna. Ele é o Senhor, dono de tudo. Tudo posso naquele que me conforta, me conduz e dá coragem para suportar as humilhações de cada dia. Eu acredito que todo sofrimento é de grande merecimento para a eternidade. Jesus, Tu és tudo para mim, eu te amo. Tu me amas, Senhor, és tudo para mim.

«Em verdade vos digo, se o grão de trigo caído na terra não morrer, ficará só, se morrer, produzirá muito fruto»[146]. Assim deve ser minha vida, me doando em favor dos irmãos, servindo com alegria. O meu dia a dia é uma oferta constante ao Senhor. Se não tenho martírio de fogo, tenho martírio das renúncias de minha pouca saúde e ter que me animar para estar alegre e sempre à frente da comunidade pela qual sou responsável. Estar à frente de uma comunidade sem ter saúde é um grande desafio, uma grande renúncia para estar e demonstrar alegria, entusiasmo, coragem, ardor, fiel às pequenas coisas, estar sempre presente mesmo com minhas horríveis dores de cabeça e mal-estar, quanta renúncia.

Jesus me fala sempre que, para salvar minha vida, devo perder, para me santificar devo sofrer e me sacrificar. Madre Clélia pede o martírio da vontade e eu da doença. Devido a tanto mal-estar que sinto, fui fazer revisão médica e Jesus tem mais uma surpresa para me oferecer, agora é o pulmão que está com alteração. Senhor Jesus, tudo o que sofro é por teu amor, sinto que vou me consumindo dia a dia e nesta consumação sinto a presença mais perto ainda do Senhor.

Retiro mensal de agosto de 1995

Seguir Jesus é fazer como Ele fez. Animada pelo seu espírito, manter-me constantemente aberta, na busca constante de sua vontade e de sua verdade. A cruz do consagrado é a prova mais concreta de que o seguimento de Jesus é uma realidade em sua vida.

> Se o amor existe dentro do coração,
> não existe caminho difícil.

Filha, quem sofre está nos braços de Deus[147].

– Sou consagrada para servir ao Senhor.

– Servir na alegria.

– Devo oferecer a cada instante meus sofrimentos.

O segredo do meu martírio está no amor profundo de minha fé por Jesus. Jesus chama os Apóstolos: «Segue-me»[148]. Um dia senti este chamado. Jesus continua me chamando para segui-Lo no dia a dia. O meu físico está doente e se consumindo, mas o meu espírito está vigilante com amor a serviço do Senhor.

Retiro mensal de setembro de 1995 e propósitos para o meu dia a dia durante este mês

> Quando nos deixamos guiar pelo Espírito Santo, as nossas
> obras geram amor, alegria, paz, aceitação do sofrimento,
> compreensão, bondade, fidelidade, mansidão e equilíbrio.

Tua Palavra, Senhor, é Luz que ilumina meu caminho, me conduz, me ajuda. O Espírito Santo operou maravilhas em Maria[149].

- Quero me esforçar para estar aberta ao Espírito Santo para viver a presença de Deus em minha vida.
- Ser fiel à sua graça, tendo um coração aberto para ouvir.
- Oferecer todo o meu sofrimento e sofrer com alegria.
- Senhor, eu não consigo fazer uma profunda leitura, minha cabeça parece uma panela de pressão chiando. Sinto um enorme mal-estar, mas aqui estou, Senhor, para vos louvar e servir. Eu vos amo e neste amor quero sofrer e morrer. Tudo por Vosso amor, Senhor, para Vos servir e amar. Tomai meus sofrimentos, Senhor, transformai-os no vosso Amor e purificai-me de todas as iniquidades.

Ofereço todos os meus sofrimentos em Glória, Amor e Reparação ao Sagrado Coração de Jesus, pela conversão dos pecadores, pelos missionários, pelos meus irmãos, cunhados e sobrinhos, pela nossa Madre Geral e Provincial, pelas irmãs de minha comunidade, pelas aspirantes, pelos Bispos e sacerdotes e toda a Santa Igreja.

Retiro mensal de Outubro de 1995

O martírio vocação do Cristão, vocação do amor de minha consagração, selo do amor. Quem se aproxima da santidade de Cristo no mistério da comunhão que é seu corpo, a Igreja, é convocado para ser fermento de reconciliação *através de gestos, palavras, silêncios e até com sacrifício da própria vida.*

> Minha letra está toda tremida
> porque não estou bem de saúde.

Deus nunca pede que façamos milagres por Ele, mas que permitamos que Ele faça milagres em nós. Deus apresentou uma proposta e Maria a endossou. Devo muito a Maria pelo que ela fez e pelo que ela foi naquele primeiro Natal. Quero dizer com gratidão: Ave, cheia de graça. Maria me mostra o que é e o que significa confiar e obedecer. Maria foi aquela mulher que deu o seu Sim ao Senhor e depois foi fiel a essa decisão até às últimas consequências e até o fim de seus dias.

Novembro de 1995

Recordar é viver para servir o Senhor com mais amor e coragem em todos os sofrimentos de cada dia. Jesus me prova para purificar meu amor, aumentar minha fé, viver com fidelidade minha vida de consagrada e viver com mais confiança. Jesus é tudo para mim, eu quero ser tudo para Ele, amar e servi-Lo na alegria e ser fiel para sempre.

Os meus rins, foste tu que formaste, desde o seio materno tu me teceste.

- Eu celebrarei porque fizeste terríveis prodígios e as Tuas obras são maravilhosas!
- Tu bem conhecias a minha alma.
- Vivo para amar e servir o Senhor e o meu físico fraco, doente, Ele toma conta.

Não há absolutamente nada de errado comigo. Minha saúde é a melhor possível. Tenho reumatismo nas pernas e sinto em minha cabeça um chiado contínuo por causa da circulação, mas sinto-me impressionantemente bem para a minha condição física. Meu coração está remendado e, muitas vezes ao dia, bate desesperado, pode parar para sempre. Mas sinto-me impressionantemente bem para minha condição física. Meu fígado está inchado e sinto dor terrível nas costas. Colesterol alto, diabete fora do normal: não posso comer nada com açúcar. Minha audição está fraca, minha visão confusa, quase tudo funciona mal. Mas sinto-me impressionantemente bem para minha condição física. Tenho insônia noite após noite e pela manhã estou um trapo. Minha memória falha, minha cabeça gira! Vou vivendo à base de aspirina. Mas sinto-me impressionantemente bem para minha condição física. Para mim, que estou envelhecendo, o melhor é dizer: «Eu vou bem», com um sorriso amarelo, do que dizer como se encontra minha verdadeira condição física.

Dezembro de 1995

Está para terminar mais um ano, no início de um ano novo... O desejo é de vê-las progredir na virtude e enriquecer-se de merecimentos, de consolações, de paz e, se pudesse, com o sacrifício de minha vida, obter para vocês a graça de uma perfeita união com Deus. Ele é testemunha de que morreria feliz, agora, neste instante[150].

Não sei se vou chegar até o final deste ano que termina e se terei a coragem de recomeçar um Novo Ano. A maneira mais inteligente para iniciar 1996? *Com Esperança*. Cada dia é uma oportunidade preciosa que Deus me dá para crescer espiritualmente, maturando na fé e na fraternidade, no amor e na alegria. Quero que a luz divina me ilumine dentro para transparecer por fora. Viver da bondade divina e semear flores de alegria em meus caminhos. Tudo posso naquele que me conforta. O Senhor é a Luz que me ilumina e me conduz. Quero terminar este ano e começar o Ano Novo debaixo da graça e da luz Divina do Senhor. Viver com Jesus e com o amor de Deus é uma grande festa para o nosso coração.

Retiro mensal fevereiro de 1996
Quarta-feira de Cinzas – início da quaresma

«Rasgai o coração e não as vestes»[151]. Reconciliai-vos com Deus[152]. Estar atenta para não praticar a justiça na frente dos homens[153]. O profeta Joel, nesta leitura, me faz um grande alerta. E Madre Clélia me alerta com o carisma que me deixou: que devo anunciar a todos a mensagem de salvação como testemunho do amor para ser testemunha como os Apóstolos, procurando a conversão do coração. Ser testemunha do amor, vivendo na alegria de servir no meu ambiente de trabalho, tendo muita paciência e ser mais do que tento fazer. Eu, como Apóstola consagrada ao Divino Coração de Jesus, devo ser fiel aos meus compromissos de consagrada, me esforçar sempre cada manhã desde o levantar com entusiasmo e alegria de servir. Não se deixar levar pelas indisposições do mal-estar, pelo meu físico de pouca saúde. Devo vencer, ter ânimo e coragem, estar sempre atenta e vigilante e transmitir Jesus no meu ambiente de trabalho. Não se deixar levar pelas pequenas coisas. Estou neste lugar, nesta missão por causa de Jesus e de seu Reino.

A conversão é um dever de todo cristão e eu mais ainda, eu que sou Apóstola consagrada. Madre Clélia uniu o título de Apóstola a um programa de vida que envolve toda existência de suas filhas: apresenta os traços profundos de sua fisionomia, dá sentido e valor à sua vida de consagradas e as estimula a *ser* antes de *fazer*, a *adorar* antes de *testemunhar*, a *testemunhar* somente com a força da presença de Jesus em si, que se torna luz, caridade, convicção e redenção. Que esta quaresma não seja mais uma quaresma, mas a quaresma.

Retiro mensal de março de 1996

É o Senhor que me conduz, Ele é a Luz e me guia, me acompanha nesta minha caminhada de amor e sofrimento, é por Ele que eu sofro e neste mundo estou de passagem, minha morada eterna é lá junto do Senhor. Sofro em paz e tranquila porque é por Jesus, pela minha salvação, em reparação de meus pecados, minha família e toda a santa Igreja. A doença me purifica para um dia ir para a eternidade onde não haverá mais sofrimento.

Abril de 1996

Semana Santa porque Santo é o Senhor, Deus Pai Onipotente, Criador do céu e da terra e de tudo o que somos, temos e fazemos. A misericórdia de Deus é infinita. Por amor, Jesus veio morar neste mundo fazendo-se um de nós pela minha salvação. Jesus é o Senhor e tudo o que Ele sofreu é pela minha salvação. Eu vou me purificando dia por dia com minha falta de saúde, mal-estar, tonturas, fraquezas, dor de cabeça, mas sou feliz.

DIÁRIO ESPIRITUAL

* Devo me esforçar muito para sofrer demonstrando alegria, amor, fé e esperança.

* Ser fiel à minha consagração, renovando sempre minha entrega para o Senhor.

* Ver sempre o bem e santificar cada acontecimento.

* Ter calma e paciência com todas as pessoas.

> Jesus é o Senhor, ele me conduz
> pela mão, nada de mal me acontecerá
> porque ele me acompanha sempre.

Retiro mensal de 11 de maio de 1996

No silêncio do mosteiro sinto a presença do Senhor que é tudo para mim. Refletimos sobre o documento do Papa «É bom estarmos aqui»: a vida consagrada no mistério da Igreja. «É bom estarmos aqui»[154]. A experiência da glória de Cristo, apesar de lhe inebriar a mente e o coração, não o isola, antes, pelo contrário, liga-o mais profundamente a «nós» que somos os discípulos.

Coloquei-me como Apóstola a serviço da Igreja, eu, como consagrada, seguindo o exemplo dos Apóstolos. Aceitar com amor e alegria o serviço, estar disponível neste lugar onde Jesus me colocou a serviço da creche, embora com pouca saúde e, às vezes, nem disposição para falar. Procuro levar avante por amor a Jesus que é tudo para mim, embora não tenha disposição para sair, visitar as famílias. Fico aqui dentro da creche acompanhando tudo em oração, pelas crianças e suas famílias que tanto necessitam do nosso amor e carinho. É com muita dificuldade e faço um ato de grande amor, levantar logo de manhã e estar sempre presente em todos os atos comuns da comunidade. Às vezes, nem consigo ler direito porque estou com tontura e a vista escura, mas por amor de Jesus e minha consagração a Ele, faço todo esforço para estar presente, unida à comunidade. A vida comunitária tem grande valor perante nossa consagração, é na vida comunitária que Jesus se revela para nossa satisfação.

145

Retiro mensal de 06 de junho de 1996

Eu, como Apóstola do Sagrado Coração de Jesus, devo procurar aprofundar e viver sempre voltada ao *Divino Mestre Jesus*. Como desejava a Madre Fundadora – «A primeira e a mais cara das devoções». O amor do Coração de Jesus se torna presente em toda a vida da Apóstola: nos gestos, na palavra, no sorriso, no relacionamento, no estilo de vida[155].

Procura passar as horas de descanso no Coração amorosíssimo de Jesus, unindo-as ao repouso de Jesus no seio do Divino Pai e no Santíssimo Sacramento. Na Bíblia, o «Coração» é o centro vital da pessoa humana que, por vezes, chamamos de «alma», «profundeza íntima do nosso ser». Espaço privilegiado de integração para onde convergem, enraízam-se todas as faculdades humanas, as manifestações da vida e as funções do corpo. «O Coração» é onde cada um de nós sente-se próximo de Deus, onde pode comunicar-se com aquele que é *Fonte de Vida*. É o campo de que fala Jesus, onde está escondido o tesouro do Reino dos Céus[156]. «O Coração é, com efeito, o mestre, o rei de todo organismo corporal. Quando a graça se apodera dos domínios do Coração, ela reina sobre todos os membros e todos os pensamentos, porque ali reside a verdadeira inteligência». O «Coração» (ou a alma) é, sem dúvida, o maior, o mais belo e o mais discreto dom do criador às suas criaturas. Toda pessoa possui esta capacidade de entrar em contato com Deus. *Deus já colocou seu sopro em cada pessoa*. O homem pode ouvir Deus dentro de si como uma fonte. Como a seiva sobe e irriga a árvore em silêncio, o Espírito Criador toca o «Coração» de suas criaturas com imperceptíveis inspirações que somente o homem de silêncio consegue captar.

Retiro anual de 08/08/1996
Dom Luizinho

Qual a natureza e a identidade da vida consagrada? O que define a vida consagrada? O que dizem os homens a nosso respeito? E nós, se perguntarem quem somos nós, o que nós significamos, o que os homens pensam de nós? O Santo Padre diz: «Vós sois o tesouro e a riqueza da Igreja, vós sois as escolhidas de Deus para ser a imagem do amor de Deus, cuidadas, guardadas por Ele, possuídas por Deus». Em toda e qualquer vocação a pessoa é chamada e deve dar uma resposta. Deus chama, espera uma resposta e envia a uma missão. Nós somos especialmente escolhidas por Deus. A religiosa é a imagem de Cristo, pobre, casta e obediente – à semelhança de seu amor infinito para confirmar o amor de Deus pelos homens – vivendo o nosso dia a dia, no amor.

O que significa para mim a vida consagrada e sendo eu, como Apóstola, pertencendo a este Instituto? Deus nos chama a cada dia, sempre continua chamando e chama pelo nome, é dinâmico, cada dia, cada instante. Cada vez que eu respondo Ele intervém na minha vida. O povo quer o padre perto dele, mas se o padre der um escorregão, eles não perdoam mais. A religiosa deve ser religiosa e não aquela igual ao povo. Onde você coloca seu tesouro, aí está seu coração. Como nos realizamos em nossa vida religiosa? Nossa vida religiosa pode ficar em segundo plano, nos dedicamos mais ao apostolado. O apostolado é a partir da minha vida religiosa. Os dotes que Deus me concedeu devo colocar a serviço do outro e devem enriquecer a minha vida consagrada, mas a vida religiosa em primeiro lugar. A missão do leigo é restaurar este mundo para o bem, para a Igreja, para a vida cristã. Não é a religiosa que vai se identificar com o povo do mundo.

Nós somos membros da Igreja ou funcionários da Igreja? Às vezes a gente vai atrás de outros valores, outros ideais que não são da religiosa. O primeiro valor necessário é a entrega à nossa vida de consagração. Não importa o trabalho, ela se entrega e se realiza em qualquer trabalho, por causa do Reino de Deus eu me realizo como pessoa e consagrada.

A vida religiosa tem o seu apoio, se fundamenta na fé. Sem uma vivência na fé a vida religiosa é insuportável. Será que nós entendemos esta palavra tão pequena e tão importante para nossa vivência, será que às vezes pensamos que fé é sentimentalismo? A fé é um ato de nossa razão, não é ver para crer e não é cega.

É necessário que eu aceite a vida naquilo que creio, em quem devo acreditar. A fé, este gesto de Deus, está dentro de nós, encarnado em nós, implica uma aceitação. Aceito a sua Palavra. Maria Santíssima aceitou sem entender como isto se faria. Se eu me coloco totalmente dependente de Deus, sou pobre. Se me entrego totalmente a serviço de Deus, sou casta para servir somente por causa de Deus. Eu me coloco diante de Deus como germe fecundo, permitindo que Deus se aprofunde em mim. Deus em nós e eu em Deus.

Deus nos ama na medida em que nós permitimos que Deus penetre em nós. Na medida em que nós abrimos nosso coração, Deus entra. Ele só faz em nós aquilo que nós permitimos. Eu em Deus, Deus comigo. É necessário que nós tenhamos conhecimento de Deus, fazer experiência dele. Para que haja conhecimento maior é preciso viver em comunhão, é preciso que eu aceite esta pessoa dentro de mim. As pessoas que são íntimas participam da vida da outra, sofrem junto. A nossa fé depende do nosso conhecimento de Deus.

Quem é Deus para mim? Cristo é o Sacramento do Pai, ele veio enviado pelo Pai para morar no meio de nós, o único que veio e se tornou visível no meio de nós. Filipe disse: «Mestre, mostra-nos o Pai» e Jesus disse: «Quem me vê, vê o Pai». O Pai ama o Filho e a alegria do Pai é a realização do Filho. Ser filho é corresponder ao amor do Pai, é seguir as pegadas do Pai. Amar significa entregar-se a si mesmo a serviço do Pai. Amar é saber perdoar, saber renunciar, perder e ser fiel. Jesus Cristo ensinou aos homens o que é servir, o que é amar. Ele veio para ensinar o que é o amor, servir, amar o próximo como a si mesmo, para o amor não existe limite. Doar-se até doer. Tereza de Calcutá: «Quem não progride, regride». Nós somos filhos no Filho, é por meio de Jesus Cristo que nós nos unimos a Deus. Quanto mais próximos estivermos de Jesus, mais estaremos no caminho do Pai. Que experiência eu tenho de Deus? A vivência da fé é uma vivência que nos liberta.

Como tenho valorizado esta vocação? A minha consagração é aquele tesouro escondido, a pérola preciosa? A minha resposta a Deus é a resposta de fé, apesar de todos os contratempos. «Coragem, eu venci o mundo». Em nossa vida religiosa há dias em que tudo parece que dá errado, mas é a fé que nos faz correr para enfrentar. Eu tenho coragem de abandonar-me nas mãos de Deus[157]?

É a fé que fundamenta a nossa vida consagrada, ela se manifesta e se alimenta na oração. O que é rezar? Em primeiro lugar é saber parar. Para dedicar nosso falar com Deus e escutar, a oração tem que ser diálogo, dar e receber. Quando falamos, abrimos nosso coração para Deus. Ele quer que nós sintamos, que nós amemos e confiemos. É necessário que calemos para ouvir. Quando calamos é ele que se abre para nós. Rezar é voltar-se para Deus. Se não nos dirigirmos a Deus, voltamos para nós mesmos, ficamos sozinhos. É uma espécie de egoísmo e sofremos muito porque achamos que somos suficientes e não aceitamos.

DIÁRIO ESPIRITUAL

Neste voltar para Deus nós nos unimos a Deus e permitimos a união com Deus, permitindo que ele se aposse de mim. Quem não tem dificuldades? Às vezes somos nós que não compreendemos os outros e, às vezes, são os outros que não nos compreendem. Às vezes a gente é desprezada, caluniada, os outros não nos compreendem, ficamos aborrecidas. Rezemos então a quarta estação e digamos a Maria: vede, Mãe, eles não me compreendem.

Rezar é aceitar gastar diante de Deus, consumir nosso tempo com Deus, perder tempo diante dele. Rezar é descobrir Deus na história de nossa vida, descobrir coisas que são parte da nossa vida. Saber parar diante de Deus, fazer disciplina conosco. O principal de nossa vida é que nós somos consagradas. Devemos saber administrar as distrações. Quando temos alguns problemas devemos rezar, aquilo faz parte de nossa vida. Deus é meu Pai, eu tenho que me abrir com Ele. Fazer com que Deus entre em nossa vida, oferecer o sono. Senhor, não tenho nada para vos oferecer, ofereço-vos meu sono.

Falta de tempo: «Marta, Marta, por que te preocupas»[158]? Além da oração em comum, procurar outro tempo de oração, tempo é questão de preferência. Mesmo no deserto podemos estar com a cabeça a cem por hora. Não perder o espírito de oração, rezar jaculatórias, porque oração é diálogo e para trazer presente tenho que falar. Aridez é quando não se sente gosto para rezar. A oração mental é a oração mais importante, pessoal, individual.

Oração vocal só tem sentido quando impõe à nossa mente. Rezar não é simplesmente repetir palavras. Oração espontânea é a oração de simplicidade. Alguém notou um senhor que todos os dias se sentava no mesmo lugar na igreja e perguntou o que ele rezava. Ele disse: «Nada. Olho para ele, ele olha para mim». Estar nos braços do Pai, Ele é o Senhor, eu nada sou diante de Deus que tudo pode, que tudo faz. Oração humilde e confiante, deve ser perseverante, é ele quem nos ajuda a ter fidelidade a ele. É necessário que ele fale para nós, deixar que ele fale de respeito a nós mesmos. Não deixar que nossa oração seja só de petição, mas oferecer também. Devemos nos preocupar mais em pedir no sentido espiritual, pois no sentido material ele não vai deixar faltar. Aridez espiritual é uma limitação de nossa natureza humana.

João Paulo II diz: «A Igreja deposita em vós grande esperança pela vossa consagração». O sentido de nossa consagração é o amor ao próximo. O Batismo nos enxerta, passamos a viver em Cristo. Parábola da videira: nós só vamos ao Pai pelo Filho. Pelo tronco da videira nós participamos da mesma vida de Jesus, o galho só tem sentido quando está unido à árvore. A consagração religiosa é um dom específico, dom especial, concedido pelo Espírito Santo. Deus chama todos à santidade. Os ordenados exprimem a santidade como tarefa de guiar o povo de Deus, eles anunciam o seu Reino, mantêm na Igreja o exemplo vivo para os batizados, dando continuidade à presença de Jesus. É a entrega total, corpo e alma, em sentido total, interno e externo. A consagração é sempre um ato livre, ela supõe o amor e o amor é um ato livre. Quanto maior o amor, mais profunda a consagração. Só tem capacidade de consagrar a pessoa que tem capacidade de amar, de perdoar, de se entregar. Com a consagração eu me entrego totalmente a ele.

O consagrado nunca deve ser uma pessoa mutilada, ninguém peca por amar. Quanto maior for nossa consagração a Deus, tanto maior é o amor ao próximo. O consagrado ama diretamente a Deus e este amor vem como um chafariz para todos. A consagração torna nosso coração apto a amar de verdade, exige de nós uma verdadeira conversão. Cada momento para nós é um momento novo e deve haver conversão.

Consagração e alegria

A religiosa que não é alegre não está no seu lugar. A alegria é a maior propaganda vocacional. A religiosa que se entrega com tristeza é porque guarda um pedacinho para ela. Alegria, autorrealização em qualquer lugar, como na guerra, uma religiosa fazendo curativo em uma perna estraçalhada. Toda consagração implica sacrifício. Maria sabia que iria ser mãe de uma pessoa que lhe causaria muitos sofrimentos. Felicidade não é sinônimo de facilidade[159].

Pobreza

Deus é nossa única riqueza. Exemplo: tesouro escondido, a pedra preciosa. Esta opção radical por Deus. A escolha que Deus faz a cada uma de nós é para configurar-nos a Jesus Cristo. Pelo Batismo já somos configurados em Jesus Cristo e a Consagração é para nós nos configurarmos mais ainda em Jesus Cristo pela pobreza. Castidade, obediência,

DIÁRIO ESPIRITUAL

pobreza: renunciar aos bens para entregar a Deus é um meio para renunciar às coisas terrenas.

Devemos colocar nossa segurança Nele. Cristo foi pobre e com certeza se estivesse no mundo de hoje, Ele não andaria a pé. São Paulo teria um jato. Deus coloca tudo em uso, ninguém é dono de nada, deve usar e não dominar, possuir e não se apegar. Ser pobre é ser criança nas mãos do Pai, saber que não vai faltar nada[160].

Castidade consiste na entrega total a Jesus Cristo. O amor está relacionado com o voto de castidade, o amor é o fundamento, o amor é o maior valor humano. Somos homens e não anjos. A castidade é para nos unirmos mais a Ele, ao Senhor. A castidade perfeita é a maneira de entregar nosso amor a Ele. A castidade não nos mutila, mas nos torna mais sensíveis para nos unirmos aos irmãos. Amar com A maiúsculo, amar a todos, por amor nos doamos totalmente a Deus a serviço do próximo. Quanto mais profundo for nosso voto de castidade, menos barreiras vamos encontrar para perdoar e amar os nossos irmãos. Em toda consagração existe renúncia. Todo homem e toda mulher têm direito ao matrimônio e o voto de castidade é a renúncia desta capacidade do corpo por causa do Reino de Deus. É por isto que muitas pessoas não entendem isso e Jesus mesmo fala no Evangelho: a capacidade de entender não é para todos.

Amamos os irmãos enriquecidos com o amor de Deus. O valor da castidade é mostrar que eu sou capaz, nem que sinta tentações não é pecado. Nossa natureza humana é sensível e quando sentir, procurar os meios de renovar o voto. Depois que faço os votos, vou ter ainda dificuldades, mas vou ter mais força e sempre devo renovar esta entrega. Lembrar-me do seminarista que dizia que não poderia ser padre porque sempre sentia que queria ter três filhos. Sentir não é pecado porque não somos anjos. A oração é a força do homem e a fraqueza de Deus. Devemos ser vigilantes e nos lembrar que nos doamos a Deus. Pelo meu voto eu me entrego a Deus e se falho estou roubando de Deus. O importante é não recalcar, não evitar os pensamentos. Quem não tem capacidade de amar os humanos, não tem capacidade de amar a Deus. Em Cristo, é possível amar a Deus sobre todas as coisas e deixar tudo o que é prazer no mundo. Se unir a Deus pela oração e viver bem na comunidade, se querer bem em casa, mostrar alegria, servir umas às outras, viver a caridade fraterna e a mortificação dos sentidos[161].

Obediência

Entregar a Deus o que nós temos de mais íntimo, que é a nossa vontade. Conformar a nossa vontade com a vontade do Pai. Abandonar-nos nas mãos de Deus, confiando a Ele toda entrega de nossa vontade. O pecado entrou no mundo pela desobediência de Adão e Eva e a obediência veio através de Jesus que veio por obediência ao Pai pela salvação. A consagração é permitir que Jesus continue vivendo no mundo de hoje. É na fraqueza do homem que se manifesta a presença e a força de Deus.

A Obediência é um ato humano consciente a serviço de Deus. Depositamos nas mãos dos superiores a nossa vontade, a nossa liberdade. Deus manifesta sua vontade pelos superiores que são administradores de Deus confiados a nós. Desobediência é *falta de amor, egoísmo*. Nós, que somos superioras, temos que ter muita paciência, ter estômago de avestruz que engole tudo. A obediência é a libertação do orgulho. Quem não tem espírito de fé não consegue ter firmeza.

A obediência não é cega porque eu tenho que saber em quem acreditei, ter conhecimento que estou fazendo o voto. Pode ser cega quando existe algum caso delicado que não devo falar para todas, em caso de alguma mudança de irmãs que têm alguns problemas. Um dos pontos importantes é o diálogo, dialogar não é impor porque não gosto. Contra os valores do mundo de hoje – riqueza, prazer e poder – ter mais pobreza, castidade e obediência. Pequenas mortificações são importantes nas formandas, assim como pequenas renúncias e atos de amor. O meu coração não é meu, eu me entrego a Ele. Deus nos quer santas[162].

Consagração é a entrega de tudo o que somos e temos. Somos filhas de Deus, especialmente escolhidas por ele. Se passássemos o filme de nossa vida, tudo o que fazemos e pensamos, não iríamos gostar de ver muitas coisas. Deus vê tudo o que estamos vivendo.

Vida de comunidade
Dom Luizinho

Por bondade de Deus fomos tornadas filhas e transformadas no coração Dele, fomos enviadas. Ele quer que levemos sua Imagem junto aos irmãos. A vida religiosa deve ser uma vida de família em que nos conhecemos e nos ajudamos, exercendo a verdadeira caridade. A unidade é a união principalmente na diversidade. Nas partes que se unem sempre se sacrifica alguma coisa para poder acontecer esta união. No matrimônio, por mais que se assemelhem, há sempre uma diferença e o que une é o amor. Então há renúncia para poder se amar e para que a união aconteça. Na vida comunitária deve haver comunhão e participação para superar o desânimo. Humildade é o reconhecimento das minhas falhas, colocando em comum os meus dotes. Humildade é aceitar os dotes da outra. Deve haver um conhecimento de si mesmo em primeiro lugar, para depois conhecer o outro. É muito importante a aceitação do outro, com delicadeza. Toda pessoa que é caridosa é delicada. A comunidade é um grupo de pessoas animadas pelo mesmo espírito, no mesmo espírito, para chegar ao mesmo espírito. O que anima o espírito é o amor, procurando as Imagens da Trindade. Colocar tudo em comum, até mesmo as deficiências e também os dotes, partilhar nossa fé, esperança e caridade.

O morar juntas não faz comunidade, mas o que faz comunidade é viver juntas, partilhar, conviver. Não basta morar, é preciso conviver. E para favorecer esta convivência são necessários os atos comuns, a oração comunitária. Estou convivendo com ele, estamos unidas a ele. Deus nos quer alegres, alegria é dom de colocar em comum as dificuldades do trabalho ou até pessoais. Fazer avaliação comunitária a cada 15 dias, com muito cuidado e caridade. Primeiro colocar os pontos positivos, depois, com muito cuidado, pedir para melhorar. Quando tiver que corrigir, devo primeiro elogiar, depois entrar no assunto com muito cuidado. Na vida comunitária deve haver muito espírito de sacrifício.

São João Berchmans dizia que o maior sacrifício era a vida de comunidade. As nossas portas devem estar sempre abertas, mas nunca escancaradas. Cuidar com o ardor apostólico – pode acabar com a vida comunitária[163]. É na própria comunidade que vamos abastecer a nossa bateria para poder levar onde formos enviadas. Dentro do ambiente da Igreja devemos ser dóceis em comunhão com a Igreja, sentir com a Igreja. Participar com a mente e o coração com o Santo Padre, Bispos e superiores, nunca criticar os superiores.

Rumo ao novo milênio

A vida consagrada deve ser uma participação neste mundo de hoje. Não é necessário que a religiosa esteja no meio dele, mas ela deve dar testemunho e viver verdadeiramente sua vida de consagrada, porque a missão do leigo é a transformação do mundo e o religioso deve ser um sinal. Os leigos querem nos ver santos, mais santos do que eles, eles nos querem perto deles, ajudando-os.

Em que consiste o apostolado? Consiste em revelar ao mundo as verdades de Jesus Cristo, revelar que Cristo é o libertador. É na oração que nós vamos descobrir a vontade de Deus, descobrir os sinais dos tempos, devemos nos preocupar com os mais necessitados. O próprio Jesus lavou os pés e o melhor meio é viver com mais firmeza a nossa consagração, viver com mais fé, dar testemunho de fé. Acima de tudo viver sua vida de consagrada. Antes de falar para o povo de Deus, falar a Deus do povo, ter contemplação e viver mais a exemplo de Santa Teresinha. Não inventar e procurar mais apostolado, viver no vazio de Deus. Nossa vida de consagrada é viver nossa consagração. Para atingir a humanidade, nunca serão as nossas palavras, mas o nosso testemunho de vida. Ter sempre presente e conservar a nossa identidade que é viver a nossa vida consagrada. Dar grande parte de nossa vida a Deus, pela oração[164].

Para que se mantenha, toda vida precisa ser alimentada. Para que minha vida de consagrada seja alimentada, precisa estar unida a ele pela oração. A vida espiritual visa a nossa união com Ele e para estar unida deve dizer: «Eu te amo». Não há nenhuma oração que supere o Sacramento da Eucaristia. Não há o que substitua o valor da Missa. *A Missa torna presente o mesmo sacrifício*, como se estivéssemos aos pés da Cruz, junto com Cristo, oferecendo-nos também junto com Cristo que se oferece ao Pai. Cinco verbos: nós *falamos, ouvimos, oferecemos, consagramos* e *recebemos*. Tudo isto também aconteceu na Quinta-feira Santa, na Última Ceia.

Falamos: batemos palmas, limpamos os pés, falo o que quero.

Ouvimos: a Palavra de Deus.

Ofertamos: ofereço o que eu sou, o que tenho, o que faço.

Consagração: na consagração é só ele, nós assistimos. Cristo recebe tudo o que eu ofereci e oferece ao Pai.

Recebemos: Ele nos dá, nos devolve a si mesmo pela Comunhão.

Participar da Missa, levar nossa vida para a Missa é trazer a Missa para a nossa vida, é a união de nossa vida com a de Cristo.

Coleta. Oremos: é a hora em que colocamos as intenções e o Padre recebe as intenções.

Eucaristia significa alimento. Cristo fica como alimento, como companheiro sempre a nos esperar. As visitas que fazemos são um grande ato de amor. Além da Missa, temos o sacramento da penitência. Todo e qualquer sacramento é um canal de graças. Receber o sacramento da penitência para o aumento de graças. Direção espiritual: procurar uma pessoa que tenha disposição e um certo equilíbrio. A direção espiritual não precisa ser sempre com o padre.

Liturgia das horas

O terço nos leva a meditar os mistérios. Se algum dia eu não conseguir rezar o terço, vale a minha intenção. Rezo uma Ave Maria e durmo com o terço na mão[165].

Nossa Senhora, modelo de consagração

Ela participa do mistério de Cristo. Deus escolheu Maria. É na anunciação que acontece o grande mistério. A redenção da humanidade começa na encarnação de Jesus. Desde toda eternidade a redenção estava escrita, mas veio no tempo certo. A redenção refaz o caminho feito pelo homem. Nossa Senhora refez o caminho de Eva. O Sim de Maria mudou o rumo da humanidade. Nossa Senhora, que participou de todos os sofrimentos de Cristo, participa de todo o início da Igreja. Ela é a Medianeira de todas as graças.

A redenção é obra de Deus, mas por meio de Jesus verbo encarnado. Quem nos concede as graças é Jesus. Nossa Senhora intercede junto a Jesus Cristo. Ela é chamada de corredentora da humanidade porque ela colaborou dando vida humana e acompanhou Jesus em todos os sentidos. Maria constitui para nós exemplo de consagração. Ela viveu os Conselhos Evangélicos: pobreza, castidade e obediência. Seu seio puríssimo foi o primeiro sacrário, na sua vida de oração sempre disponível. A devoção à Virgem Santíssima é a certeza de que ela nos concede de alcançar a Vida Eterna. Tudo o que fizermos para a Mãe, o Filho fica feliz[166].

Pensar bem: se for para modificar o hábito, é melhor ficar com ele. Devemos conservar a dignidade dele. Outras sugestões: japona para todas iguais. Uma tarefa: o relatório até outubro. Votos Perpétuos, duas cartas: uma para a Madre Geral, outra para a Provincial e Conselho. Também outra carta para renovar, se não for aprovada. Na mesma carta: para Renovação até 15 de outubro.

Com a vocação não se pode brincar, é muito sério e fazer o que se quer é um descompromisso. Não é a pessoa que tem que dizer «Eu quero», mas é o Instituto, na pessoa das superioras, que devem também interceder. Avaliação para o Plano Bienal. Mandar para a Secretaria as sugestões para o Plano Trienal. Retiro de 15 a 22 de fevereiro de 1997: se a gente quiser, pode-se fazer.

Rumo ao novo milênio
Documento de Dom Murilo

Celebrar com júbilo o novo milênio. O nascimento de Cristo é o ponto mais alto. O que significa este nascimento? Se formos fiéis ao Espírito Santo, haverá um reflorescimento. Jubileu é uma festa para o seu Divino Filho.

Este projeto deve acolher com liberdade e fazer tudo o que for possível para a glória do Senhor. A vida religiosa deve dar um apoio todo especial: ver, julgar, agir. Todos devem fazer a sua parte, dar ao seu pároco, fazer com que todos deem a sua contribuição. Perguntar diante de Deus: Senhor, o que eu posso fazer?

Prioridades a nível de Província: a Revista Comemorativa, Calendário, Livro da História Viva, entrevista na Rede Vida, Peregrinação a Aparecida do Norte. Encontro de Formação Permanente sobre este documento que saiu nestes três anos, é o Novo Catecismo.

Para o triênio

- Incentivar as Irmãs para as crônicas do Instituto e o livro *Um coração nos ama.*

- Mutirão para a conversão pessoal, formação de novas vocações.

- Colocar uma crônica em cada Boletim.

- Visitas a santuários do Sagrado Coração de Jesus.

DIÁRIO ESPIRITUAL

Ano 2000: montar um projeto nas comunidades. No próximo ano é o Batismo. Exemplo: grupo dos enviados para visitas, levando o horário da capela ou paróquia. Enviar uma irmã com pessoas mais ligadas e com funcionários. Começar em casa e em nossas famílias, pois não estamos fazendo nada.

Retiro mensal de outubro de 1996

Deserto é o lugar da tentação, é o lugar do nosso fortalecimento e amadurecimento. A graça do deserto é vencer a tentação que o demônio nos apresenta como bem aparente: a procura de segurança e santidade em nós mesmos.

> Madre Clélia me fala: não rejeites a mão
> piedosa que te tortura porque te ama.
> Essa é a mão de Jesus.

- Viver na presença de Jesus cada dia.
- Ser fiel às inspirações das graças.
- Aceitar as dificuldades de cada dia com amor e espírito de fé.

Dezembro: retiro de louvor e agradecimento por mais um ano

Advento: tempo de esperança e de viver em silêncio com Maria, preparando meu coração para a vinda do Senhor. O ano 2000 se aproxima, será que chegarei até lá? Deus é quem sabe. O importante é que eu sirva o Senhor no amor e na alegria.

Retiro mensal de janeiro de 1997
As primeiras comunidades cristãs e apostólicas

Seguir Jesus não é deixar tudo, mas fazer a viva experiência do «*estar com ele*». Jesus escolheu os 12 Apóstolos e estabeleceu um profundo relacionamento com eles, uma profunda amizade. Ninguém tem maior amigo do que aquele que dá a vida por eles. Na minha comunidade devo ter um profundo relacionamento com minhas irmãs, conhecer cada uma, sua história, sua vida, de onde veio. É Jesus quem escolheu cada uma para vir morar comigo, devo aceitar com amor e alegria cada uma do jeito que é. Ele me amou e me escolheu do jeito que eu sou, talvez ninguém me escolhesse, esta escolha nasce do amor apaixonado por mim. Ele me ama apaixonadamente, profundamente. E eu, como O amo?

Retiro mensal de agosto de 1997
Sinais de vida e de esperança

A palavra-chave dos três primeiros evangelhos é o *Reino* e a palavra-chave do *Evangelho de São João* é *Vida*. Reino e Vida porque o Reino é a plenitude da Vida. É somente através da perseverança que teremos êxito e nosso ser só vive quando aceitamos verdadeiramente. A existência é algo cercado por todos os lados, nela há limites, fronteiras. Mas na vida não há limites nem fronteiras, a vida é eterna.

Retiro mensal de agosto de 1997
«Tema: o retiro dos Apóstolos»

Silenciar minhas atividades, estar a sós com meu Senhor Jesus, conversar com Ele para depois ter mais força, fé e coragem para transmitir aos outros, meus irmãos de caminhada. Jesus é a fonte e está no meio de nós. Em primeiro lugar devo amar Jesus, meu Mestre e Senhor, estar unida a ele em todos os meus trabalhos. Se não consigo ficar na capela em adoração porque as responsabilidades me preocupam e tenho que estar presente em todos os acontecimentos da creche, peço sempre a Jesus que caminhe comigo. Sou instrumento do amor de Jesus para comigo. Jesus é o meu Senhor e meu Deus, meu esposo, meu Rei, meu Amigo. Jesus, tu és tudo para mim. Procurar viver o hoje em minha vida através do seu Evangelho, sua palavra viva. Estar unida hoje a Jesus na minha vida de trabalho e de oração. Creio que Jesus está no meio de nós, nos meus trabalhos, presente em todos os acontecimentos de minha vida de consagrada.

Retiro mensal de setembro de 1997

Jesus se retira para o deserto. O deserto é o lugar da solidão e do despojamento. Quem estiver unida a Jesus pelo amor não se deixará enganar pelas formas sutis com que o demônio procura nos enganar. Como venço os meus momentos de deserto, de provas, de dificuldades?

Jesus «confiou» o Evangelho a Maria antes que fosse pregado e escrito. Em Nazaré, na intimidade com sua Mãe, Jesus «transmitiu» o Evangelho ao coração de Maria. O Evangelho é Jesus. A boa nova é Ele. Encarnando-se, trouxe-o a Maria. Escreveu-o no coração da Mãe.

Retiro mensal, 12/10/97
Missão e testemunho

Impelida pelo Espírito Santo, a Apóstola é chamada a testemunhar o Amor, repor amor e ser sinal dos bens futuros. A missão da Apóstola é *Amar, Reparar, Glorificar*. Deus renova a face da terra começando por Maria. O amor do Coração de Jesus se torna sensível na Apóstola que vive Dele! *Testemunhar é amar. Testemunhar é reparar.* Maria falou pouco, amou muito. Para Madre Clélia, Maria é a primeira e a mais fervorosa das Apóstolas. Maria é a mulher a caminho. A contemplação de Maria «a caminho» nos convida a reconhecer Deus através de seu Espírito Santo, a operar através da graça em nós e nos outros, a confessar sua misericórdia, sua fidelidade, recordar seus benefícios.

Retiro mensal de novembro de 1997

O Espírito Santo, autor da Santidade. O Espírito Santo é o altar da santidade e Maria foi quem mais viveu a santidade.

Retiro mensal de julho de 1998

O Espírito Santo, dom por excelência do Coração aberto de Jesus. O coração do homem só pode ser mudado por Deus. «Se invocares o

Espírito Santo, que é Sabedoria Divina, Ele virá a ti e encher-te-ás com sua Luz. Quando sua santa Luz iluminar tua inteligência, então, sentir-te-ás estimulada, induzida a percorrer o caminho da santidade e tudo o que te rodeia, na natureza, parecer-te-ás lama e podridão»[167]. Divino Espírito Santo, vós sois a Luz que me guia, que me conduz e ilumina o meu caminho. Sois meu amigo e protetor, dai-me uma fé profunda para viver a vossa presença em minha vida.

Retiro mensal de 17/02/99

«Aquele que me ama, será amado por meu Pai e eu o amarei e manifestar-me-ei a ele». «Se alguém me ama, guardará minha palavra, meu Pai o amará, nós viremos a ele e nele faremos nossa morada». Deus é meu Pai, eu pertenço a Deus. Se Deus é por nós, quem será contra nós? Quem vai me separar do amor de Cristo? Não importam os sofrimentos, é por causa de Cristo. Tudo o que sou, tenho, faço é por causa Dele. Ele é meu Senhor e meu Deus, tudo pertence a ele, meu trabalho, minhas preocupações, tudo por Ele, por causa Dele. Devo me esforçar sempre para fazer como Ele quer, onde Ele quiser. Eu devo me santificar na comunidade que Deus me deu, esforçar-me para fazer tudo como eu aprendi porque Ele me deu a vocação religiosa. Eu devo fazer como aprendi, devo perdoar sempre, aceitar quem me corrige e me entregar nas mãos de Deus para que ele me conduza no caminho do bem. Cuidar com o silêncio – quaresma, tempo de conversão. Madre Clélia: «A penitência imposta nos torna mais agradáveis ao olhar amoroso de Jesus e nos dá pureza de coração»[168].

O retiro mensal de abril foi um encontro de espiritualidade sobre a vida fraterna.

DIÁRIO ESPIRITUAL

Retiro mensal de maio de 1999

«O Pai ama o Filho e lhe manifesta tudo aquilo que faz». Quem não honra o Filho, não honra o Pai que o enviou. Como o Pai tem a vida em si mesmo, assim concedeu ao Filho ter a vida em si mesmo[169].

Palavras-chave: o Pai trabalha, ama, ressuscita, ordena. Jesus vê fazer, faz, dá a vida. Analogia: Jesus não usa discrição nas palavras, sabe bem que os Judeus o rejeitam e procuram pretextos contra Ele. Conclui dizendo que a sua fé em Deus e em Moisés não é autêntica, por isso não podem acreditar Nele[170]. Meu Deus, quanto és bom, tu que permites chamar-te Pai. Devo amar minhas coirmãs de comunidade, meu trabalho, as pessoas de meus trabalhos.

Junho de 1999

Toda a riqueza de nossa Espiritualidade e de nosso carisma está no Coração transpassado de Jesus. Devemos, portanto, penetrar nos mistérios deste Coração. Entrar para deixar-nos possuir. Despojar-nos dos fardos supérfluos e inúteis e purificar-nos no banho de seu Amor para assim saborear sua grande misericórdia. Tornemo-nos criaturas novas, vivendo uma intensa vida de oração, centralizada na Eucaristia, na escuta diária da Palavra de Deus, no exercício da Caridade, tornando-nos, para todos, expressão do Coração de Jesus, revestidas dos seus sentimentos e da sua humildade[171]. Viver no caminho de fé e de misericórdia.

Agosto de 1999
Aliança de Deus para comigo

Deus fez aliança com seu povo. Deus apareceu a Abraão e disse: «Eu sou o Senhor Deus onipotente, caminha na minha frente e sê íntegro». Deus fez aliança com seu povo. Estamos no mês vocacional, sou chamada por Deus para seguir dia a dia minha consagração. O seguimento de Cristo é ordem suprema para todos os religiosos. A doutrina do Evangelho é a regra máxima para seguir o Cristo Jesus. Seguir Jesus é viver com Ele e com os outros que Ele chamou. Cristo é o radical[172].

- Se estou plena de Cristo, eu o transbordo em comunhão com os outros. Viver o Cristo é ter disponibilidade total do que temos e somos para os outros.
- Seguir o Cristo é ser perpétuo discípulo, deixar-se ensinar e querer aprender. Cristo sempre nos quer ensinar.
- Seguir Cristo é estar disposto a tudo por Ele.

Retiro mensal de maio de 2000

Jesus disse a seus discípulos: «Eu sou a videira verdadeira e meu Pai é o agricultor. Todo ramo que em mim não dá fruto, ele o corta e todo ramo que dá fruto, ele o limpa, para que dê mais fruto ainda».

Fomos criados para viver neste mundo um tempo e durante este tempo é para amar e servir a Deus no amor, na alegria. Estamos nesta terra de passagem. Jesus nos comparou com a videira e nós somos os ramos e assim unidos às pessoas para servir e amar, sair de nós mesmos e estar a serviço do outro. Deixai Deus agir! Não vos preocupeis com as mil coisas que poderão acontecer. Só Deus as conhece (Cardeal Merry)[173].

Dezembro de 2000

Estamos no tempo do Advento em preparação para o Natal. «Irmãos, alegrai-vos sempre no Senhor, eu repito, alegrai-vos»[174]. Devo me animar porque a obra é do Senhor. Embora vivemos e trabalhamos com muitas dificuldades, sou convidada pelo Senhor a louvar e agradecer por este ano que está terminando. Foi um ano muito difícil e apesar de tudo estamos preparando o Natal com muita alegria, com apresentação pelas crianças, casa bem enfeitada, demonstrando que sentimos a presença do Senhor em nossa vida. Ele caminha conosco, nunca nos deixa sozinhos, vivemos na Esperança do Senhor que há de vir, somos convidados a viver a esperança do Senhor que há de vir. Ponta Grossa – Creche Padre Carlos Zelesny.

Abril de 2001

Quando Jesus veio ao mundo, pregou, sofreu, morreu, ressuscitou e poderia ter ficado conosco, no lugar do Papa. Ele poderia viajar em todos os países, vir também aqui em Ponta Grossa, sem precisar de avião para viajar. Mas ele disse: «Bem-aventurados os que viram, mas bem-aventurados são também os que não viram e creram». Jesus não ficou neste mundo porque deixou os cristãos em seu lugar, para que sejamos seus portadores de fé, de amor e continuar sua missão evangelizadora. O Reino dele é também o meu. Devo pedir sempre a graça da humildade e fidelidade. Que lugar Deus ocupa em minha mente e coração? O querer de Deus é também o meu querer? Aquilo que faço, faço-o por Deus só[175]?

Retiro mensal de maio de 2001
Maria, modelo de santidade para a Apóstola

Para Madre Clélia, Maria é a primeira e a mais fervorosa das Apóstolas. Ela apresenta-a como modelo de fé e de humildade! Maria é exemplo de caridade e de acolhimento, é sempre igual a si mesma, direciona todo o seu ser e agir para Deus somente. Ela é a mulher perfeita e santa que sabe acolher o plano de Deus no seu dia a dia. Maria sabe ver Deus na natureza, nas pessoas e em si mesma. Está sempre recolhida, meditando nas maravilhas que Ele, o Todo-poderoso, realizou nela e por meio dela. Maria é, portanto, a «cheia de graça», a Mãe que intercede por nós, os pecadores.

Pedir a graça: a virtude da perfeição e do acolhimento à vontade de Deus.

Prática: implorar de Maria a graça de amar a Jesus, como ela ama[176].

Retiro mensal, 03 de fevereiro de 2004
Na comunidade de Nossa Senhora do Rocio, em Campina Grande do Sul

«Quem tem sede, venha a mim e beba»! Jesus é a fonte que jorra. Eu tenho sede. Aqui estou, Senhor, para buscar desta água para matar minha sede e me transformar no teu amor, me purificar de tudo o que não é bom, para que eu seja livre e possa viver somente para te amar e servir. «O que beber da água que eu lhe der, jamais terá sede». Senhor, todas as graças que recebo de Vós são águas que me transformam no vosso amor. Quero viver somente para vos amar, estar neste mundo, neste lugar, somente para vos servir e amar, porque vós sois o meu Senhor e o meu Deus. Quero estar vigilante para ter-vos presente em todos os acontecimentos de cada dia[177].

Retiro mensal, 01/03/2004
Comunidade Nossa Senhora do Rocio,
Campina Grande do Sul, Paraná

Deus só! Meu lema: viver para amar a Jesus e servir com amor e alegria. Aqui estou, Senhor, para Vos amar e servir. «Todas as vezes que fizestes isso a um dos menores de meus irmãos, foi a mim que o fizestes»[178]. Quero servir os irmãos por amor a Jesus que também veio a este mundo para nos servir e amar. Por vosso amor, Senhor, eu aqui estou fazendo a vossa vontade, porque já não sou mais dona de mim, pertenço ao Senhor e meu Deus. O Senhor falou a Moisés: «Fala a toda a comunidade dos filhos de Israel: sede santos, porque eu, o Senhor vosso Deus, sou santo»[179]. Julga o teu próximo conforme a justiça. Amar minhas coirmãs do jeito que cada uma é. Amar o meu próximo, meu ambiente de trabalho porque Jesus me amou primeiro. É por amor a Ele que eu sou, vivo, faço, quero fazer e servir com amor, por amor, fazendo a vontade de Deus Pai, servindo com amor e alegria, ser fiel em todos os momentos de minha vida. Irmã Domícia.

Maio de 2004

«Eis que um mensageiro desce das regiões celestes, totalmente envolvido por uma luz divina: é o Anjo Gabriel que vem anunciar o grande acontecimento»[180]. Aonde vai levar a consoladora notícia? A um lugar onde está um verdadeiro tesouro, a uma criatura humilde, santa, maravilhosa, boa, uma grande senhora, toda bela e santa, é ela, Maria, nossa Rainha, nossa Mãe, senhora nossa que Deus modelou para ser sua Mãe, nossa Mãe, Mãe de toda Igreja, Mãe da humanidade. Maria, minha boa e santa Mãe, eu estou em teus braços, protege-me, me abençoa e me guarda sob tua proteção sempre e na hora da minha morte. Amém.

Retiro mensal de junho de 2004
A reparação de ontem e de hoje no Instituto das Apóstolas

Somente no Coração de Jesus eu encontro paz, alegria, confiança, fé, amor e coragem para os desafios de cada dia. Jesus é a vítima de reparação ao Pai, mas quer a nossa participação porque nos ama. E o sinal desta participação na obra redentora, são as gotas de água colocadas no cálice da consagração Eucarística. Este nosso «nada» torna-se precioso pela sua união com Cristo. Jesus pede almas reparadoras. Jesus, que foi o primeiro reparador da humanidade, nos pede que sejamos almas reparadoras[181].

Retiro mensal de julho de 2004

Cada Apóstola é responsável pela sua formação permanente, pela sua consagração e santificação[182]. Jesus dá uma lição de paz, amor, fidelidade para cada cristão e consagrados para o serviço do Reino. «Todo aquele que der, ainda que seja um copo de água fresca a um destes pequeninos é a mim que ele dá». Cessai de fazer o mal, aprendei a fazer o bem[183]. Caridade sempre e em tudo. Praticar a caridade com semblante alegre e sereno. Deus quer que teu coração esteja só e livre. Constituições: formação permanente, fidelidade à consagração. Cada Apóstola é responsável pela sua formação e santificação[184].

Retiro mensal de agosto de 2004
Missão dos Apóstolos

Chamou os 12, enviou dois a dois e deu-lhes o poder sobre os espíritos. Jesus nos convida e dá toda força, fé e coragem para levar nossa missão, me desapego de mim mesma para servir somente a Ele. Não me acomodar, mas lutar para conseguir. Tudo o que deixei, meus pais, meus irmãos, foi muito duro para mim, mas Jesus me deu tudo, supriu tudo o que deixei. Custou-me muito. Foi por amor a Jesus, para servi-Lo e amá-Lo sempre. Foi por causa de Jesus porque amo a Jesus, sou de Jesus, vivo para Jesus, por Jesus, em Jesus[185].

Retiro de setembro de 2004

Constituições: aprofundar-me no significado das orações, dos ritos e das leituras *Bíblicas*. Oferecer-me em sacrifício, em união com Jesus. A palavra de Deus nos orienta e indica o caminho que nos leva à paz. Jesus é o caminho, a verdade e a vida. Ele é quem me dá força, coragem nesta longa caminhada. «Ele nos ama, Ele nos quer só para Ele»[186].

Outubro de 2004
Mês vocacional, mês missionário

Anunciar o Evangelho não é publicidade. Deus não precisa de clientela. O Evangelho é oferta de salvação para quem o aceita e o acolhe. Viver o Evangelho é pregar o Evangelho[187].

O *Evangelho segundo São Lucas* 10, 25-37 me dá uma lição: procurar ser bom samaritano, servir o próximo por causa de Jesus Cristo. Em tudo o que eu faço, esforçar-me para viver na presença de Deus. Madre Clélia nos diz: «Deus visita-nos todos os dias com muitas luzes, com inspirações da sua graça, com santos ensinamentos, com boas leituras, com santos exemplos, com os bens e os males que nos envia».

Retiro mensal de fevereiro de 2005
A busca da santidade em Madre Clélia

Graças a pedir: que sejamos santas, como deseja aquele que é a fonte de toda santidade. O grande desejo de Madre Clélia sempre foi aquele de copiar em si as virtudes do Sagrado Coração de Jesus e exortar suas filhas a fazerem o mesmo. Elas visam, em primeiro lugar, enriquecer a *vitalidade* da Igreja *buscando* a *santidade* de vida, pois «imbuídas de fé viva e esperança inabalável», querem viver de oração. Distinguir-se no espírito de fortaleza, amor e sobriedade. Levar sempre em si a morte de Jesus para que sua vida atue naqueles aos quais serão enviadas no cumprimento de sua missão[188].

Março dia 07 de 2005 – Retiro mensal
A comunhão fraterna na vida e nos escritos de Madre Clélia

«A caridade do celeste Esposo Jesus esteja sempre acima de tudo e em toda a parte». Pratiquem a caridade com semblante alegre, sereno, com modos delicados, palavras amáveis e cordiais. Tenham uma caridade indulgente, procurando ver sempre o lado positivo e interpretar favoravelmente tudo o que se diz, desculpando os outros, ainda que em detrimento pessoal, enquanto a prudência o permitir.

Não devem manifestar desagrado diante da ignorância ou da enfermidade do próximo, aceitem com docilidade e cortesia os conselhos, as repreensões, as humilhações, sejam elas quais forem. Sejam prudentes em suas palavras e atitudes, a fim de nada dizer ou fazer que possa magoar. Dizer e fazer tudo com a amabilidade que a consciência lhes permitir. Demonstrem amor, prestem serviços com alegria, interessem-se caridosamente por tudo o que acontece com o próximo[189].

Abril dia 04 de 2005 – Retiro mensal
Madre Clélia e a virtude da Caridade

A excelência da Caridade: «Ainda que eu falasse a língua dos homens e dos Anjos, se não tivesse caridade, sou como o bronze que soa, ou como o címbalo que retine»[190].

Comunicar para crescer juntas, conhecer, amar, aceitar, dialogar, perdoar, interessar-se em crescer juntas. Perdoar sempre. Ver Deus em todos. Viver em união com todas ao redor do altar da Eucaristia. A caridade é a alma da santidade à qual todos somos chamados. Madre Clélia nos diz que a caridade deve dirigir-se ao próximo mais próximo, isto é, àquele que vive conosco. Vivência comunitária: amar verdadeiramente as coirmãs e aqueles que conosco trabalham, exercendo a caridade para todos[191].

Retiro mensal de maio de 2005
Maria na vida de Madre Clélia e das Apóstolas

Maria é mulher silenciosa, observadora, generosa, humilde, pronta, de fé viva e confiança ilimitada em seu Deus. Por isso foi, na ótica de Madre

Clélia, a primeira e a mais fervorosa das Apóstolas. Por que Nossa Senhora percebeu que estava faltando vinho? Porque ela estava servindo! Quem não tem capacidade de falar, mas tem capacidade para ouvir, não desejar viver a vida do outro, usar as próprias ferramentas, cada um tem sua caixa e se não usar ficam enferrujadas. Valorizar o que temos. Tudo é dom[192].

Retiro mensal de junho de 2005, 6/6/2005
O Sagrado Coração de Jesus no carisma e na espiritualidade de
Madre Clélia

Entrar na chaga aberta do Coração de Jesus. Estar sempre unida com Ele, vivendo na sua presença, procurar amar a Jesus de todo o meu coração. Jesus, sois tudo para mim, é por vós que vivo, quero ser vossa para sempre, estar sempre unida a Vós, meu Jesus, caminhar convosco neste mundo para depois abraçar-vos para sempre na eternidade. Jesus é o meu Senhor e meu Deus. Ele é tudo para mim. Por ele eu vivo, com ele eu vivo, para ele eu faço e cumpro o que ele deseja de mim. Meu Senhor e meu Deus!

Retiro mensal de julho de 2005
Traços de amabilidade na vida e na doutrina de Madre Clélia

Madre Clélia era apaixonada pelo Coração de Jesus e deixou-se transformar por seu amor, participando da escola de Jesus. Ela tem conhecimento e experiência de crescimento e maturidade espiritual, por isso nos propõe o mesmo caminho, porque sabe onde ele nos levará se nos deixarmos conduzir.

Se estivesse para morrer o que eu deixaria escrito? Estou diante do sacrário, na pequena capela, somente com Jesus na Divina Eucaristia, neste silêncio do meu coração e na presença de Jesus, em quem eu acredito porque Ele é o meu Senhor e o meu Deus. Tudo o que eu sou, tenho e faço é por amor a Ele, pertenço a Ele, amo-o de todo o meu coração. Por Ele eu vivo, faço, tenho, sou e por Ele quero morrer na minha pobreza. Estou vivendo sem nada desejar de grandezas, sou simples para servi-lo melhor, pouco estudo, pouca inteligência para fazer grandes pregações, mas quero amar a Jesus de todo o meu coração. Foi Ele quem me fez, sou toda Dele, por Ele eu vivo, por Ele eu quero morrer e ir para junto Dele, dar-lhe um grande abraço e louvá-Lo para sempre.

DIÁRIO ESPIRITUAL

Não sei como será minha morte, acredito que existe a eternidade e quero ir para junto de Jesus. Creio, acredito, tenho certeza porque Jesus é tudo para mim. Nada tenho de belo, bonito, grandezas, sabedorias terrenas, mas tenho a maior riqueza que deve vir depois, a eternidade, Jesus, Maria, José. A minha maior riqueza virá depois quando Deus quiser. Eu acredito Nele, sou Dele, vivo por Ele, penso Nele, pertenço a Ele, vou para junto Dele. 11/08/2005. Sou sua para sempre, Jesus. Eu, Irmã Domícia.

Retiro mensal de setembro de 2005
Oração

Na oração, percebemos que Ele nos amou antes que existíssemos e nos chamou antes que tivéssemos dado um mínimo passo em direção a Ele. Graça a pedir: ter um coração orante e agradecido pelo chamado à vida religiosa. Vivência comunitária: priorizar momentos a sós com Jesus para manter vivo o espírito de oração e o chamado a esta vocação especial. Quero procurar viver na presença de Deus e levar Jesus por onde eu passar. Jesus é tudo para mim. Tudo o que sou, faço, vivo, é para Ele, por Ele, com Ele. Amém[193]!

Outubro de 2005
Mês do Rosário, missionário

Eu gosto muito deste mês. É o mês em que eu nasci, fui batizada, crismada, fiz a primeira Eucaristia e sou muito feliz. Louvo e agradeço a Deus Pai por todas estas maravilhas. Esse é também o mês do meu Anjo da Guarda, que um dia me conduzirá para junto de Deus, na Eternidade.

Os Apóstolos confirmavam as almas dos discípulos e exortavam-nos a perseverar na fé, dizendo que é necessário entrarmos no Reino de Deus por meio de muitas tribulações. Depois de uma grande missão, os Apóstolos se reuniam para louvar e agradecer as maravilhas que faziam em nome de Jesus. Peço a graça que Jesus me conceda para ter um coração missionário e falar do coração amoroso de Jesus por onde eu passar. Demonstrar sempre, com amor e alegria, toda a felicidade que sinto dentro de mim por ser uma pessoa consagrada ao Senhor[194]. Jesus falou aos discípulos: «Toda autoridade me foi dada no céu e na terra. Ide, pois, ensinai a todas as nações. Batizai-as em nome do Pai, do Filho e do Espírito Santo. Ensinai-as a observar tudo o que vos prescrevi. Eis que estou convosco todos os dias, até o fim do mundo»[195]. Neste mês, quero pedir e viver sob a proteção de Maria e pedir a graça de amar muito a Jesus, fazendo com amor e alegria todos os trabalhos que Ele me confiou.

Retiro de novembro de 2005
O sofrimento na vida de Madre Clélia e o meu sofrimento no dia a dia

Em São João, Jesus suplica a seu Pai: «Pai, é chegada a hora, glorifica teu Filho para que teu Filho te glorifique a ti». Foi Deus quem me criou, pertenço a Ele, estou neste mundo para servir e amar a Deus Pai. Este mundo foi criado por Deus, eu estou nele. Devo sempre me lembrar de que cada um de nós tem uma missão a cumprir e se Jesus sofreu, eu também sofro porque este mundo é um vale de sofrimentos. Meu físico é fraco, não posso me acomodar, devo sempre usar minha energia para servir e ajudar os irmãos colocando um grande esforço de otimismo, alegria, entusiasmo e amor. Fazer tudo por amor, sem vacilar, sem desanimar[196].

Celebração da Ceia. «Assim, todas as vezes que comerdes deste Pão e beberdes deste Cálice do Senhor, lembrareis a morte do Senhor até que Ele venha». Madre Clélia nos diz: «A cruz é prova de amor. Apegue-se mais fortemente ao Coração de Jesus, único repouso dos corações cansados e provados, única nau que tempestade alguma poderá fazer perecer». Na missão que o Senhor me confiou eu devo dar conta com todo empenho porque a obra é Dele, eu sou Dele, é por Ele que faço. Todo sofrimento é passageiro, um dia tudo vai terminar e irei para sempre junto do meu Senhor, abraçar o Divino Coração de Jesus que é o meu único Senhor e Deus[197].

Dezembro de 2005
Cura de um paralítico

«Meu amigo, os teus pecados te são perdoados, levanta e anda». Jesus quer nos curar de todos os males, pecados, doenças e de todos os nossos problemas. Ele quer estar junto de nós. Ele quer me ajudar para que eu seja perdoada e perdoe a todos para estar livre e amar mais a Deus Pai e todos os meus irmãos. Jesus me perdoa sempre, quero estar aberta e livre de todas as amarras. Quero estar mais aberta e poder acolher e receber tudo o que Jesus quer me dizer e estar junto Dele servindo no amor e na alegria[198].

Janeiro de 2006
Batismo de Jesus

«Tu és o meu Filho muito amado, em ti ponho minha afeição»[199]. Jesus veio a este mundo porque muito nos ama e quer nos salvar. Quero estar atenta aos ensinamentos de Jesus através de suas palavras, aprofundando e encarnando em minha vida o seu convite: «Vem e segue-me». Porque cada dia sou convidada a seguir Jesus que é caminho, verdade e vida.

20 de fevereiro de 2006

Jesus vem para salvar a pessoa inteira, torná-la livre e capaz de se sentir gente de verdade, por isso Ele faz voltar à vida os que estão sofrendo. Jesus me convida a ter confiança no Senhor. Jesus disse: «Se podes! Tudo é possível para quem tem fé». O pai do menino disse em alta voz: «Eu tenho fé, mas ajuda a minha falta de fé». Jesus livrou o menino, Jesus curou. Os discípulos não conseguiram e perguntaram a sós: «Por que não conseguimos expulsar o espírito»? Jesus respondeu: «Essa espécie de demônios não pode ser expulsa de nenhum modo, a não ser pela oração»[200].

A confiança e a fé devem me acompanhar, devo ir ao encontro de Jesus, pedir com confiança e fé porque a obra é Dele, é Ele quem vive em mim, sou eu que devo ir ao encontro. Pedir com confiança e fé porque Jesus pega na mão para que o menino se levante. Ele está sempre pegando em minha mão para que eu possa me levantar, me animar em minha missão e ir avante com mais coragem, alegria no meu trabalho, doando-me ao próximo com alegria, amor e coragem para servir cada dia de minha vida, mesmo sem ter saúde para enfrentar as dificuldades. Jesus é quem me dá força e coragem de poder realizar.

Retiro espiritual de maio de 2006
A caridade de Cristo nos impele a servir[201]

Em Lucas: discussões entre os discípulos, qual deles seria o maior. Jesus lhes dá uma bela lição: «Quem entre vós é o maior torne-se como o último e quem governa seja como o servo». Jesus veio para nos servir, ficou no meio de nós como servo e serviu tanto até se consumir pela nossa salvação.

«Vós me chamais Mestre e Senhor e dizeis bem porque eu o sou. Se eu vos lavei os pés, também vós deveis lavar os pés uns aos outros. Dei-vos o exemplo para que façais como eu». Nas Bodas de Caná, Maria está em uma festa, servindo aos irmãos e pede com confiança a Jesus: «Senhor, eles não têm mais vinho». Eu também estou a serviço dos irmãos, tudo o que faço aos meus irmãos e coirmãs é para servir e amar a Deus Pai, que nos enviou seu Filho Jesus para nos amar e servir[202].

Retiro mensal de agosto de 2006
Mês vocacional

Graça a pedir: reacender e revigorar a chama do «Primeiro Amor», aquele que nos amou primeiro. Reviver o chamado, o olhar que Jesus nos dirigiu um dia. «Vem e segue-me». Ele me olhou, me amou, me quis, me elegeu. Devo me lembrar sempre: deixei tudo, pais, irmãos, trabalhos, preocupações, apegos... e segue-me. Eu tinha tudo, mas não era feliz, sentia sempre que faltava alguma coisa. Hoje sou feliz, não tenho nada e me sirvo de tudo, nada me falta e sou feliz porque sinto que Jesus é o Senhor de minha vida. Nele sinto paz, Nele sinto confiança, Nele eu acredito que um dia irei para sempre encontrar-me com Ele, abraçá-lo e dizer-lhe: «Aqui estou, Senhor, porque te servi e agora estou para sempre junto a ti». A caridade de Cristo nos impele a segui-lo[203].

05 de setembro de 2006 – Retiro mensal

A caridade de Cristo nos impele a ser luz. Pedir a graça: ser testemunha da bondade de Deus. «Vós sois a Luz do mundo». «Vós sois a luz da terra». Não se acende uma luz para deixá-la escondida. Nossa luz deve brilhar, iluminar, alegrar, servir o mundo e a humanidade para a glória de Deus Pai. «Outrora éreis trevas, mas agora sois a Luz no Senhor». Devemos brilhar, ser bondosos, nos alegrar, ser verdadeiros, servir com amor, alegria, ser testemunhas do amor de Deus Pai que tanto nos ama. «No princípio era o Verbo e o Verbo estava junto de Deus». Deus enviou seu Filho que é a Luz para nos salvar, Ele é a Luz que brilha entre nós para podermos estar junto Dele a iluminar nossa vida e dos nossos irmãos[204].

Retiro mensal, 13/09/2009
Memória da Oração
Texto bíblico: apelo, sentimentos, resistência

Exemplo do fazendeiro rico que leva o Índio e corre tanto que o Índio de repente diz para parar. O Índio desceu, sentou no barranco, colocou as mãos na cabeça por um tempo, depois entrou e disse: «Podemos ir». O motorista perguntou: «O que aconteceu»? Ele disse: «Você correu tanto que o meu espírito ficou para trás».

O que Deus quer falar hoje é sobre a *disponibilidade*, a *bondade* de Deus para comigo, confiar na bondade de Deus para comigo. Assumir a *verdade*, a nossa verdade. No lugar sacramental onde eu estou devo deixar Deus entrar. *Liberalidade* – ajudar-me, dispondo o meu coração. «Farei de vocês um grande povo, em vocês todas as gerações da terra serão abençoadas»[205].

O que é a minha intimidade com Deus? Aí fico confusa quando não aceito o jeito de minhas coirmãs. Só Deus preenche nosso coração. Quando Deus não está nos projetos de nosso coração, tudo cai. Se Deus não for o meu projeto de Apóstola, cai tudo por terra – não é possível nenhum projeto sem Deus. Deus dá uma ordem, a iniciativa é de Deus. Para entrar na intimidade do Senhor é preciso partir, é preciso desinstalar-se, ser caminheiro, partir para chegar até Deus, cortar todas as ligações. Era preciso que ele estivesse livre, Deus fala e existem ligações com Deus. Quando largamos tudo, tornamo-nos uma bênção de Deus. Uma vida acomodada não suscita bênção, água parada apodrece. Deus é o nosso ponto de partida. Deus está em meu caminho. Abraão, em seus 75 anos, está para entrar nesta aventura de Deus, ele ouve com o coração, vê a exigência de Deus. É preciso estar com o coração preparado, estar disponível, escutar o apelo, dar consentimento à partida. *Escutar, preparar, estar disponível.* Estar sempre em movimento, ser disponível, é o próprio coração que está em movimento, abertura, alegria, disposição...

O que amarra meu coração, o que prende nosso coração? Quem prende nosso coração? Que amarras tenho, estou presa no que passou? Exemplo: eu faço, eu sou, eu fiz. Morrer para o próprio eu. Ele é o centro, que Ele seja o centro de minha vida. Lançar-me confiante em Deus, para chegar à terra prometida. Dar sentido ao caminho. Dar sentido é algo pessoal. Que sentido tenho dado a este caminho? Ele constrói um altar... para dar sentido a este caminho. Abraão significa dar sentido.

Frei Éderson: rezar um Deus encantado. Madre Clélia viveu um Deus encantado. O Papa João Paulo viveu como homem encantado por Deus. Cântico dos Cânticos: você é bela, este é o jeito de Deus ver você e ver o mundo. O olhar de Deus é sempre bom, belo. Deus é amor, nos chama de Amada, Ele nos coloca na mesma dimensão Dele. Só o homem e a mulher podem amar a Deus. Ao nos amar Ele nos incita a amá-lo. «Bela amada, não vejo nenhum defeito em você».

Exercício: descobrir em você o sim de Maria. Ficamos marcados com muitos nãos, descubramos o sim em tudo aquilo que não gostaríamos. Descobrir a alegria do tempo de Deus, descobrir o sim de Maria. Cuidado com a tristeza, o diabo vem e leva a alma. O que alegra a gente é ser de Deus. Eu estou no Coração de Deus. Deus quis que eu fosse consagrada. O anjo disse: «Você está cheia de graça». Como Deus foi bom, pois minha vida foi cheia da graça de Deus para comigo. Não tenhas medo, pois Deus está torcendo para eu vencer. Não temas ser consagrada, Deus me carregou durante todos esses anos. Não temas o futuro, um dia vamos todas morar no coração de Deus. Não temas, não tenha medo, você é toda bela, amada, sem defeito[206].

Retiro Mensal, 05/12/2009
Tempo de Advento, tempo de esperança e tempo de graça

A pregação de João Batista concentra-se no que já dizia o profeta Isaías: «Preparai o caminho do Senhor, endireitai as suas veredas». Como podemos abrir o caminho para Deus? De que maneira podemos dar mais espaço para Jesus em nossa vida? Primeiramente é permitir que Deus entre em nosso interior: se não o encontrarmos dentro de nós será difícil encontrá-lo fora. Abrir o coração significa transparência, sinceridade, em outras palavras, é viver na verdade para não nos enganarmos.

Se desejar crer, já é «crente» diante desse Deus maravilhoso que lhe conhece profundamente. Prepare os caminhos do seu coração e deixe a luz de Cristo entrar. Que a Luz de Cristo esteja dentro de mim para que eu possa ser iluminada, transparente e livre de todas as impurezas, para transmitir Cristo para todos os que eu encontrar em meu caminho.

Junho de 2010

Meu Senhor e meu Deus, há seis meses que estou em outra missão. Ainda não me esqueço dos seis anos que estive em outra missão. Como foi doloroso deixar aquele recanto no qual eu estava toda acostumada com minhas plantas, animais, afazeres aos quais me dedicava com tanto amor e carinho. Fiz um grande esforço para destruir tudo, me lembrando de cada coisa. Como tudo é passageiro neste mundo. Naquele lugar, tudo que eu precisava eu sabia onde se encontrava, cada canto para mim tinha grande valor. Lá sofri, chorei, me alegrei, brinquei, sonhei, me diverti, rezei muito, muitas horas de orações, noites de vigília, encontro de amigos, horas felizes. Quando estava preparando para terminar com tudo, chorava escondida, lavava o rosto e saía sorrindo porque não queria estar apegada em nada, mas sentia muito, era doloroso.

Como é difícil deixar um espaço construído com tanto amor. Só Jesus sabe o quanto sofri para acabar com tudo aquilo que construí na presença Dele, com tanto amor e carinho. Depois de seis meses ainda não me acostumei nesta outra missão. Como é duro envelhecer e ter que deixar um lugar com o qual estava tão acostumada e ter que me adaptar a um lugar diferente, a pessoas diferentes. Parece que não sou nada, não faço nada, não sirvo para nada, sinto-me como um peixe fora da água. É grande o meu esforço para ser fiel à minha consagração, à vida comunitária, estar a serviço das irmãs procurando auxiliar naquilo que está a meu alcance.

Retiro mensal, 6/6/2010
Água da fonte que jorra até hoje

Jesus é fonte, as águas são as graças que recebo. A água sacia minha sede. Sem água nada somos, sem Deus nada podemos fazer. As águas são graças que recebo para poder ter forças, para viver o meu dia a dia unida ao Senhor sem desanimar[207].

«Vinde a mim vós todos que estais aflitos sob o fardo e eu vos aliviarei. Tomai meu jugo sobre vós e recebei minha doutrina, porque eu sou manso e humilde de coração e achareis o repouso para as vossas almas»[208].

Retiro mensal, 08 de agosto de 2010
Tema: a Apóstola busca atender ao chamado de Deus a uma vida santa

Pedir a graça de corresponder à generosidade e ao amor divino e ter um maior espírito de desapego.

DIÁRIO ESPIRITUAL

Irmã Domícia, nome de religiosa.

Nome de Batismo: Santina Francisca de Nóbrega.

Nascimento: 10 de outubro de 1937.

Batismo: 30 de outubro de 1937, dia de Cristo Rei – Paróquia São Sebastião de Itaju.

Crisma: 30 de outubro de 1937, dia de Cristo Rei – Paróquia São Sebastião de Itaju.

Primeira Comunhão: 14 de outubro de 1946 – Diocese Paróquia de São Carlos, Iacanga, São Paulo.

Primeira entrada na Vida Religiosa: 1959.

Voltou para casa: 1960.

Segundo retorno para a Vida Religiosa: 10/02/1963.

Primeira Profissão religiosa: 11/02/1966.

Votos Perpétuos: 29/01/1972.

Para o livro de minha vida[209]

O meu nascimento é o acontecimento mais lindo da minha vida. Recordações que nunca se apagam de minha memória. No Retiro anual em 8/9/2010, celebrando o nascimento de Maria nossa mãe, meditamos sobre o Batismo de Jesus. Como foi lindo meu nascimento. Meus pais já tinham recebido com muita alegria dois filhos, o Severino com dois anos e o José com seis meses. Mas nem toda alegria está completa na vida dos pais. José ficou doente e deixou de viver neste mundo. A mãe sofreu muito, imagine o sofrimento de uma mãe na morte de seu filho. Ela passava noites sem dormir pela perda do filhinho. Chorando, adormeceu e sonhou com o filho no esplendor do céu, que voava feliz e passava perto da mãe, sorria e continuava voando, por várias vezes repetia este gesto tão suave e singelo. Quando acordou sentia-se aliviada e conformada.

Minha mãe era uma criatura de Oração e nasceu para ser mãe e gerar muitos filhos. Um ano depois, teve a grande alegria e felicidade pelo nascimento de outra filha, esta filha tão querida e amada que tornou aquele lar enriquecido pela presença de uma linda criança. Seu maior desejo era levar a criança para ser batizada o quanto antes. Para eles o sacramento era o centro da vida cristã, oferecer a Deus este grande presente que Ele nos dá. Que maravilha receber estes sacramentos, Batismo e Crisma. Foi uma oportunidade e uma grande felicidade ser Batizada e Crismada no dia de Cristo Rei. Imagino aquela presença dos meus pais, avós e padrinhos, naquele momento tão sublime, naquela capela, sendo protegida e amparada por tanta gente querida. Muitas vezes vivo estes momentos, sentindo uma alegria imensa dentro de mim que sou tão querida e amada por Deus Pai. Um dia, junto de Deus Pai, quero viver esta felicidade de encontrar todos, minha mãe, uma santa criatura de Deus.

No *Evangelho segundo São Mateus* sobre o Batismo de Jesus: «Eis meu Filho muito amado em quem ponho minha afeição»[210], sinto que estou aí porque recebi também o Batismo e sou filha muito amada por Deus. Porque sempre recebi graças sobre graças em minha vida: nascimento, vivência, consagração. Deus colocou sua afeição em mim porque me ama. Eu não sou nada, mas Ele é tudo e foi Ele quem me criou, elegeu e me quis, pertenço a Ele. Hoje e sempre. Amém.

Minha história, minha vida, minha vocação

Santina Francisca de Nóbrega, nasceu em Itaju, na Irara Branca, São Paulo, no ano de 1937 e morreu em... Vim de família simples e sou a terceira filha dos 11 irmãos do casal Demiciano Francisco de Souza e Maria José de Nóbrega. Meus pais eram lavradores, alguns anos depois, comerciantes. Meu pai, Demiciano, não sei onde estudou e nem sei se ele frequentou alguma escola, mas dava aula de alfabetização à noite, era fino na matemática e ainda nos finais de semana rezava o terço nas famílias. Eu, com meus 4 a 8 anos, muitas vezes o acompanhava e gostava de ouvir e ajudar a cantar os mistérios do terço nas festas do mês de junho. Ainda ressoa aos meus ouvidos aquele canto antigo: *«São João Batista, Batista João, suspendeu a bandeira, com o livro na mão...»* e o mastro ia para o alto com estrondo de foguetes. Depois do terço, comíamos doce de mamão ralado, de abóbora, batata doce, bolachas de araruta e tomávamos chás em volta da fogueira. Muitas vezes passei pelas brasas sem queimar os pés.

Quando completei 8 anos, meus pais saíram da roça e fomos para um pequeno lugarejo chamado Corvo Branco. Fui para a escola. Meus pais começaram a trabalhar no comércio. Minha mãe tinha sempre crianças pequenas, eu tinha que ajudar a cuidar dos meus irmãozinhos. Recebi catequese em preparação para a Primeira Eucaristia na própria escola onde estudava. Daquela simples catequese, eu nunca me esqueci. Fiz a

Primeira Eucaristia aos nove anos de idade. Quando terminei o terceiro ano primário, meus pais mudaram para a cidade de Iacanga, São Paulo, onde cursei a quarta série. Quando terminei a quarta série, implorei para minha mãe interceder junto ao pai que eu não queria mais ir para a escola. Foi muito difícil e sofrido porque...

Reevangelizar a vida pessoal

- Sede santos... convite de Jesus.
- Testemunho de vida consagrada.
- Solicitações dos últimos capítulos.
- Solicitações de Madre Clélia.

A vida pessoal é a fundamental, a mais importante neste momento[211].

Prioridade 2010-2011

Reevangelizar a vida pessoal e comunitária de modo que seja sempre mais bem fundada.
Caminho a percorrer:

* Renovar a adesão pessoal.
* Ser fiel ao projeto de vida.
* Comprometer-se com a formação continuada ordinária e pessoal.

Irmã Lucila: vida comunitária

> Quem não está presente nas orações,
> enfraquece a comunidade.
> Exemplo: empurro a pedra que não sai do
> lugar, mas eu ganho músculos[212].

Irradiar o amor do Coração de Jesus, nos diz Madre Clélia[213]. Onde irradiar? Culturas: tendência de olhar a própria como a melhor. Cultura atual: onde devemos levar a devoção ao Sagrado Coração de Jesus? Hoje, nas grandes culturas, não temos mais aquela força enraizada em Cristo. Podemos ser rocha, com a palavra, com o testemunho, com a responsabilidade de Apóstola. Irmã Neli: ser ícone. «Ícone» é uma imagem[214].

Nós, como Apóstolas, temos uma grande responsabilidade no mundo de hoje: ser o rosto de Deus Pai. Nesta humanidade descrente, devemos dar testemunho de entusiasmo, de alegria, de disponibilidade de mansidão. Devemos ser calmas, disponíveis, porque acreditamos na misericórdia de Deus, temos o Espírito Santo em nós e Jesus que caminha conosco. Ele vai sempre à frente, devo acreditar Nele, viver por Ele, caminhar com Ele, servi-lo na pessoa do nosso próximo.

Agosto de 2011

Para irradiar o amor do Coração de Jesus é preciso ter feito uma profunda experiência do amor de Deus e um encontro pessoal com Cristo. É preciso conhecer a Deus e sentir-se atingida por seu amor, acreditando que somos amadas assim como somos. A Apóstola do Coração de Jesus é chamada a viver intensamente o amor do Coração de Jesus, através de uma vida de união com Ele e em conformidade com seu Evangelho. No *Evangelho segundo São João*, Jesus escolhe os primeiros discípulos. «Quem estais procurando»? «Vinde e vede». «Tu és Simão, o filho de João». «Segue-me»[215].

Também eu senti o chamado, desejava alguma coisa aos 22 anos de idade, não era feliz, sentia a vida vazia, desejava algo mais daquilo que era e que tinha. Deixei tudo: os pais, os irmãos, meu lar junto deles, que era uma família grande e maravilhosa. Foi sofrido, foi difícil, foi sofrimento. Jesus era minha força, a Eucaristia o meu sustento, as orações minha força ligada ao Coração de Jesus. Minha confiança nas lutas de cada dia, minha esperança de um dia poder cantar: «Obrigado, Senhor».

Agora posso morrer em paz porque terminei minha carreira entre lutas e sofrimentos. Posso estar chegando ao fim agarrada à minha querida mãe Maria para poder cantar: «Com minha Mãe estarei no céu. Amém». Falta pouco, faltam três anos para completar 50 anos de consagrada, pouca saúde, sinto-me muito fraca. Obrigada, Senhor, pelos sofrimentos que me purificam dia por dia. 07/08/2011 – Irmã Domícia.

Setembro de 2011

Quanta paz, quanto bem, estar na casa do Senhor, respirando o ar puro das plantas que vem pela janela. Jesus é o Senhor da minha vida. Estou aqui neste lugar somente para obedecer ao Senhor de minha vida. Momento de oração junto de Deus, respiro por Ele e com Ele para servir e amar.

Outubro de 2011, meu nascimento

«Nossa vida pode durar 70 anos, os mais fortes talvez cheguem aos 80, a maior parte é ilusão e sofrimento, passam depressa e também nós assim passamos»[216]. Completei 74 anos, são anos de graças sobre graças. Mesmo em meio a tantos sofrimentos de doença que vivi nestes anos, ainda estou neste mundo para louvar e agradecer a Deus Pai que me ama e me conduz.

29 de junho de 2014

Já estou no final de meus dias. Ainda consigo escrever alguma coisa, mas, às vezes, escapa o que desejo dizer. Minha história, a história de minha vida, minha vocação tão linda, tão sublime, que Deus Pai me concedeu com muito amor e dedicação, amor e sublimidade que é ser religiosa e pertencer a Deus para sempre.

Recebi meu nome no dia do meu Batismo, com muita honra: Santina Francisca de Nóbrega, com muito amor e devoção. No mesmo dia, recebi também o sacramento da Crisma. Foi uma felicidade completa. Até o dia de hoje ainda me lembro do meu Batismo, como se estivesse lá, apreciando tudo. Tinha apenas 20 dias de nascimento, mas minha mãe contava e eu me sentia sempre presente, com muita alegria. Eu me sentia muito querida de todos, era como uma boneca de braços em braços, dizia minha avó.

Eu nasci no dia 10/10/1937, em Itaju, no sítio, em um ranchinho do lugar chamado Irara Branca. Meu Pai trabalhava na lavoura, sou a terceira filha, tendo nascido antes de mim o irmão falecido com seis meses. Meu nascimento foi um acontecimento muito lindo, em algum lugar eu já escrevi isso.

Na minha idade de seis a oito anos, eu acompanhava meu pai nos terços que ele rezava nas casas dos nossos vizinhos. Eu gostava muito de ver meu pai rezar nas famílias. O terço era todo cantado. E quando chegava no Pai nosso, alguém soltava rojão e cantava: *«São João Batista, Batista João, suspendeu a bandeira com o livro na mão»*. Havia outros versos ainda, ladainha cantada. No final, subia o mastro, com muitos fogos. A gente caminhava em volta da fogueira. Os mais corajosos passavam sobre as brasas sem queimar os pés. Eu também passei e nada queimou meus pés. Era uma grande festa bem animada. Depois do terço vinha a comilança: doces de abóbora, batata, caxi, mamão, amendoim, chá para as crianças, quentão para os adultos e danças em volta da fogueira. Tudo isso acabou quando cheguei aos oitos anos.

Quero contar aqui que quando eu tinha quatro anos, já sentia dores nas pernas. Eu acordava à noite chorando de dores nas pernas. Minha mãe pegava uma pena de galinha e passava nas pernas um remédio com cheiro forte. Enrolava bem minhas pernas para esquentar, me colocava para dormir com o pai e a dor passava. Minha mãe nunca me deixava colocar os pés no chão, sempre de tamanquinho. Dizia que eu não podia esfriar os pés, porque eu era doente.

> Observação: até minha letra está diferente,
> estou com dificuldade de escrever porque
> estou chegando ao final de minha vida.

Aniversários[217]

Pai: dia 20 de julho – 75 anos em 1985.

Marcelo: 11 de outubro, sobrinho.

Fábio e Flávio: 20 de outubro, sobrinhos.

Cleyson: 28 de dezembro, sobrinho.

Maria Augusta: 6 de dezembro, irmã.

Andréia: 12 de setembro de 1985, sobrinha.

Cidinha: 23 de maio, irmã.

Fábio: 7 de abril, sobrinho.

3 de outubro de 1985: falecimento do pai.

Estela: 11 de outubro, cunhada.

Nina: 8 de setembro, irmã.

Severino: 6 de junho, irmão.

Faustino: 25 de fevereiro, irmão.

João: 17 de novembro, irmão.

Delfino: 24 de dezembro, irmão.

Toninho: 18 de maio, irmão caçula falecido.

Joventino: 15 de dezembro, irmão.

Irmã Domícia, nome de religiosa[218].

Nome de Batismo: Santina Francisca de Nóbrega.

Nascimento: 10 de outubro de 1937.

Batismo: 30 de outubro de 1937, dia de Cristo Rei – Paróquia São Sebastião de Itaju.

Crisma: 30 de outubro de 1937, dia de Cristo Rei – Paróquia São Sebastião de Itaju.

Primeira Comunhão: 14 de outubro de 1946 – Diocese Paróquia de São Carlos, Iacanga, São Paulo.

Primeira entrada na vida religiosa: 1959.

Voltou para casa: 1960.

Segundo retorno para a vida religiosa: 10/02/1963.

Primeira Profissão: 11/02/1966.

Votos Perpétuos: 29/01/1972.

Bodas de Prata: 19/01/1991.

Bodas de Ouro: 2014.

Falecimento: [15 de agosto de 2014].

Notas

1. Epístola de São Paulo aos Filipenses 2, 13.

2. Evangelho segundo São Lucas 18, 38.

3. Joel 2, 13.

4. Evangelho segundo São Marcos 9, 23.

5. Epístola de São Paulo aos Romanos 8, 39.

6. Evangelho segundo São Lucas 22, 42.

7. Epístola de São Paulo aos Romanos 8, 31-35.

8. Evangelho segundo São Mateus 6, 7.

9. Epístola de São Paulo aos Tessalonicenses 5, 17.

10. Evangelho segundo São Mateus 5, 48.

11. Evangelho segundo São Marcos 10, 21.

12. Evangelho segundo São Lucas 15, 31.

13. Oseias 2, 14.

14. Evangelho segundo São Lucas 6, 20.

15. Ler a Epístola de São Paulo aos Romanos, capítulo 8.

16. Evangelho segundo São João 15, 5-7.

17. Segunda Epístola de São Paulo aos Coríntios 12, 8.

18. *Ibid.* 13, 11.

19. Evangelho segundo São João 17, 21.

20. Oseias 3, 4.

21. Evangelho segundo São Mateus 11, 29.

22. Madre Clélia, carta 50.

23. Evangelho segundo São Mateus 5, 48.

24. *Constituições*, números 27 e 96. *Palavras da Madre*, p. 140.

25. Evangelho segundo São Lucas 2, 51. *Ibid.* 3, 21.

26. *Ibid.* 2, 51. *Palavras da Madre*, p. 140. *Constituições*, número 97. Epístola de São Paulo aos Romanos 8, 27. Eclesiástico.

27. Jeremias 15, 16.

28. Epístola de São Paulo aos Filipenses 1, 21.

29. Evangelho segundo São Marcos 1, 35.

30. *Ibid.* 6, 46.

31. Evangelho segundo São Lucas 5, 16.

32. Evangelho segundo São Mateus 14, 23.

33. Êxodo 23, 20-21.

34. Epístola de São Paulo aos Romanos 4, 18.

35. Epístola de São Paulo aos Filipenses 4, 13.

36. *Ibid.* 1, 6.

37. *Palavras da Madre*, números 61-113, 356 e 470, p. 19, 250 e 257.

38. Evangelho segundo São Mateus 22, 37-38.

39. Primeira Epístola do Apóstolo São Pedro 2, 1-3.

40. Primeira epístola de São Paulo aos Tessalonicenses 2, 3. Evangelho segundo São Marcos 13, 13. Evangelho segundo São Mateus 23, 8.

41. Padre José Kentevich.

42. Evangelho segundo São Mateus 6, 33.

43. Isaías 30, 15-18.

44. Santo Agostinho 3, 6.

45. Padre Arrupe.

46. Evangelho segundo São Lucas 24, 13.

47. Evangelho segundo São João 6, 67-69.

48. *Ibid.* 14, 26.

DIÁRIO ESPIRITUAL

49.   Epístola de São Paulo aos Romanos 12, 3.

50.   Evangelho segundo São Lucas 17, 21.

51.   Segunda Epístola de São Paulo aos Coríntios 5, 16.

52.   Eclesiastes 2, 11. Santa Teresinha.

53.   Evangelho segundo São João 3, 5-7. *Ibid*. 15, 1-11.

54.   Evangelho segundo São Mateus 5, 48, 54. *Ibid*. 6, 4-15, 25-34. *Ibid*. 7, 7. *Ibid*. 10, 16-33. *Ibid*. 18, 21-35. *Ibid*. 22, 37-42. *Ibid*. 23, 9.

55.   *Ibid*. 5, 3-12, 48. *Ibid*. 16, 21-28. *Ibid*. 20, 26-28.

56.   Gênesis 12, 1-4. Números 6, 22-26.

57.   Epístola de São Paulo aos Filipenses 1, 6. Gênesis 1, 1-10. *Ibid*. 12, 18, 21, 25, 31. Êxodo 2, 3. *Ibid*. 5, 8, 13, 19, 23, 31. *Ibid*. 29, 38-42.

58.   Deuteronômio 1, 30-31.

59.   Santo Irineu.

60.   Tobias, Antigo Testamento.

61.   Isaías 43, 1-5.

62.   Evangelho segundo São João 14, 6.

63.   Primeira Epístola do Apóstolo São Pedro 3, 11.

64.   Evangelho segundo São João 3, 13.

65.   Evangelho segundo São Lucas 22, 47-48.

66.   Epístola católica de São Tiago 53, 19-27. *Ibid*. 2, 1-5. Evangelho segundo São Lucas 10, 25-37.

67.   Evangelho segundo São João 14, 6.

68.   *Ibid*. 10, 17-18.

69.   Evangelho segundo São Mateus 11, 30.

70.   Deuteronômio 6, 5.

71.   Evangelho segundo São Lucas 8, 4-18.

72. Salmos de Davi 118, 105.

73. Reflexão de *Cadernos de espiritualidade das apóstolas do sagrado coração de Jesus*, número 1.

74. Santo Agostinho.

75. *Antologia espiritual*, Mg., II, p. 114 e 153.

76. Epístola de São Paulo aos Romanos 5, 1-11.

77. *Constituições*, número 18.

78. *Ibid.*, números 97-99.

79. Evangelho segundo São Lucas 11, 14-15.

80. Jeremias 23, 29.

81. *Cf. Diretório Geral*, número 81. *Constituições*, números 17, 22, 23 e 94. *Antologia espiritual*, p. 114, zelo. Documento p. 21, missão.

82. Primeira epístola de São Paulo aos Coríntios 4, 9-11.

83. Segunda epístola de São Paulo aos Coríntios 4, 1-18.

84. Evangelho segundo São João 2, 1-12. Documento de espiritualidade, números 36-39. *Constituições*, números 27-32.

85. *Bem-aventurada Madre Clélia*, livro 2, carta 3.

86. Evangelho segundo São Marcos 16, 17.

87. Madre Clélia.

88. *Palavras da Madre*, p. 246-269.

89. Evangelho segundo São Marcos 3, 13-14.

90. O Documento XIII, número 20 é um verdadeiro programa de vida.

91. Atos dos Apóstolos 2, 42.

92. *Palavras da Madre*, p. 434.

93. Novo catecismo, 13-03.

94. *Palavras da Madre*, p. 90-295, 172-248 e 345-420.

DIÁRIO ESPIRITUAL

95.   Evangelho segundo São Lucas 22, 28.

96.   Epístola de São Paulo aos Hebreus 13, 14.

97.   Primeira epístola de São Paulo aos Tessalonicenses 3, 4-7. Primeira Epístola do Apóstolo Pedro 1, 15.

98.   Epístola de São Paulo aos Romanos 10, 17. *Antologia espiritual*, p. 9. Epístola de São Paulo aos Efésios 4, 15.

99.   *Um coração nos ama*, p. 42.

100.   Epístola de São Paulo aos Efésios 5, 3. Epístola de São Paulo aos Colossenses 3, 12.

101.   *Palavras da Madre*, número 13.

102.   *Antologia espiritual*, número 50.

103.   Nosso Documento XIII, número 36. *Palavras da Madre*, p. 398. *Antologia espiritual*, números 27 e 255.

104.   *Palavras da Madre*, p. 287 e 306. *Antologia espiritual*, números 38 e 40.

105.   Tom Jobim, *O som do pasquim*.

106.   Evangelho segundo São João 14, 26.

107.   Documento XIII, capítulo geral, números 24-30, 32-34, 37, 40, 45, 48, 51-52 e 54.

108.   Evangelho segundo São João 14, 15-31.

109.   *Antologia espiritual*, Mg., I, p. 144.

110.   Epístola de São Paulo aos Filipenses 4, 13.

111.   Evangelho segundo São Mateus 10. *Cadernos de espiritualidade das apóstolas do sagrado coração de Jesus*, número 3, p. 67. Apostila: «A Apóstola do Sagrado Coração de Jesus hoje», p. 1-5.

112.   Madre Clélia.

113.   *Ibid.*

114.   *Ibid.*

115. Epístola de São Paulo aos Efésios 5, 3. Epístola de São Paulo aos Colossenses 3, 12.

116. *Palavras da Madre*, p. 398. *Antologia espiritual*, número 255. Documento XIII, capítulo geral, número 36.

117. *Palavras da Madre Clélia*, p. 90-295.

118. Evangelho segundo São João 1, 41-51.

119. *Constituições*, números 119 a 127.

120. Evangelho segundo São João 15, 5.

121. Evangelho segundo São Lucas 10, 20. Apocalipse de São João 2, 10. Evangelho segundo São João 3, 9.

122. *Ibid.* 8, 29.

123. *Constituições*, capítulo 12.

124. Evangelho segundo São João 9, 3. *Ibid.* 16, 24.

125. *Ibid.* 15, 15.

126. Frase de Madre Paulina.

127. Segunda epístola de São Paulo a Timóteo 1, 12.

128. Epístola de São Paulo aos Efésios, no começo.

129. Segunda Epístola de São Paulo aos Coríntios 8, 9.

130. Epístola de São Paulo aos Hebreus 10, 7-9. Epístola de São Paulo aos Filipenses 2, 5-11.

131. Evangelho segundo São João 10, 17-18, 29. *Ibid.* 8, 28.

132. Segunda Epístola de São Paulo aos Coríntios 9, 7.

133. Primeira Epístola de São Paulo aos Coríntios 9, 16.

134. Evangelho segundo São Lucas 2, 10-11. Evangelho segundo São Marcos 1, 15.

135. Epístola de São Paulo aos Efésios 4, 24.

DIÁRIO ESPIRITUAL

136.   Evangelho segundo São João 4, 7-21. Epístola de São Paulo aos Romanos 12, 9. Epístola de São Paulo aos Efésios 4, 1-6.

137.   Epístola de São Paulo aos Romanos 5, 8. *Ibid.* 8, 32.

138.   Santa Teresinha.

139.   Deuteronômio 21, 22-23. Epístola de São Paulo aos Gálatas 3, 13. Evangelho segundo São João 8, 28.

140.   Evangelho segundo São Lucas 9, 22. Primeira Epístola de São Paulo aos Coríntios 1 e 2. Livro das Crônicas, capítulos 25 e 35. Zacarias 12, 13. Evangelho segundo São João 12, 31. *Ibid.* 15, 13. Epístola de São Paulo aos Romanos 8, 32.

141.   *Constituições*, números 75-87. Primeira Epístola de São Paulo aos Coríntios 11, 17-34. Evangelho segundo São Lucas 22, 7-20. Evangelho segundo São João, capítulos 13 a 17. Reis 19, 1-18.

142.   Primeira Epístola de São Paulo aos Coríntios 1, 17-34. Atos dos Apóstolos 1, 13-14.

143.   Santo Agostinho.

144.   Evangelho segundo São João 19, 34.

145.   *Ibid.* 15, 5. Evangelho segundo São Mateus 16, 24-28.

146.   Evangelho segundo São João 12, 2-26.

147.   Madre Clélia.

148.   Evangelho segundo São João 1, 41-51.

149.   *Antologia espiritual*, p. 40.

150.   Madre Clélia, *Um coração que ama*.

151.   Segunda Epístola de São Paulo aos Coríntios 5, 20. *Ibid.* 6, 1.

152.   Documento XIII, capítulos 5-20. Evangelho segundo São Mateus 6, 1-6, 16, 18.

153.   Evangelho segundo São Mateus 6, 1.

154.   *Ibid.* 17, 4.

155. *Constituições*: Devoção ao Sagrado Coração, p. 64-66. Documento XIII, capítulo geral, números 38-44, p. 14. *Antologia espiritual*, p. 163-171.

156. Evangelho segundo São Mateus 13, 14.

157. *Ibid.* 14, 31. *Ibid.* 17, 4. Evangelho segundo São Lucas 17, 5-6. Epístola de São Paulo aos Romanos 1, 16. Epístola de São Paulo aos Hebreus 11, 15.

158. Evangelho segundo São Lucas 10, 41.

159. Evangelho segundo São João 15, 16. Evangelho segundo São Marcos 1, 16-20. *Ibid.* 10, 21. Evangelho segundo São Mateus 6, 21. Evangelho segundo São Lucas 13, 31.

160. Evangelho Segundo São Mateus 5, 3. *Ibid.* 6, 19-21. Evangelho segundo São Marcos 10, 17-31. Evangelho segundo São Lucas 12, 33-34. Atos dos Apóstolos 4, 32-35. Primeira Epístola de São Paulo aos Coríntios 3, 23.

161. Evangelho segundo São Mateus 19, 10. Primeira Epístola de São Paulo aos Coríntios 7, 32-34.

162. Evangelho segundo São Mateus 26, 42. Epístola de São Paulo aos Filipenses 2, 8. Evangelho segundo São João 4, 34. Evangelho segundo São Lucas 1, 38.

163. Atos dos Apóstolos 2, 42-47.

164. Evangelho segundo São Mateus 28, 19-20. Evangelho segundo São João 20, 21. Evangelho segundo São Lucas 4, 18. Primeira Epístola de São Paulo aos Coríntios 9, 16.

165. Evangelho segundo São João 6, 35. Evangelho segundo São Lucas 22, 17. Evangelho segundo São Marcos 14, 22.

166. Epístola de São Paulo aos Gálatas 4, 4. Evangelho segundo São Lucas 1, 38, 46. Evangelho segundo São João 2, 3. *Ibid.* 19, 26-27.

167. Madre Clélia.

168. Evangelho segundo São João 14, 15-22. Epístola de São Paulo aos Romanos 8, 31-39. *Diretório Geral*, números 48-52. *Um coração que ama*, 13, p. 34. *Antologia Espiritual*, p. 71. Amor a Deus, *Palavras da Madre*, p. 96.

DIÁRIO ESPIRITUAL

169.   Evangelho segundo São João 5, 20. *Ibid.* 17, 26.

170.   *Ibid.* 5, 44-47.

171.   Madre Geral.

172.   Madre Clélia, 13, 13.

173.   Tema bíblico: Evangelho segundo São João 15, 1-8. *Constituições*: mortificações e penitências XXI, p. 79. *Antologia Espiritual*, «Coragem e confiança», p. 106. *Cartas de Madre Clélia*, número 8, «Só por Deus», p. 31-32.

174.   Epístola de São Paulo aos Filipenses 4, 4-7.

175.   Evangelho segundo São João 20, 19-31. *Palavras da Madre*, números 61, 130, 138 e 256.

176.   *Cadernos de espiritualidade das apóstolas do sagrado coração de Jesus*, número 7, p. 14-17. *Constituições*, números 119 a 125. *Palavras da Madre*, números 5, 19, 94, 110, 167, 194, 214, 306 e 445. *Bíblia*: Evangelho segundo São João 2, 1-11. *Diretório Geral*, números 42-45. *Um Coração nos ama*, volume 2, p. 39.

177.   Evangelho segundo São João 4, 13-14.

178.   Evangelho segundo São Mateus 25, 31-46.

179.   Levítico 19, 1-2, 11-18.

180.   Evangelho segundo São Lucas 1, 26-38.

181.   *Cadernos de espiritualidade das apóstolas do sagrado coração de Jesus*, número 4, 13-18. *Ibid.*, número 10, 49-54. *Constituições*, números 21, 24, 84, 112 e 151. Documento XIII, capítulo geral, números 45-54. *Palavras da Madre*, p. 49, 64, 84, 169, 171, 288 e 407.

182.   Evangelho do dia: Evangelho segundo São Mateus 10, 34. *Ibid.* 11, 1.

183.   Isaías 1, 10-17.

184.   *Carta da Madre*, 14, p. 77. *Ibid.*, 21, p. 94. *Antologia espiritual*, p. 119 e 125-128.

185.   Evangelho segundo São Mateus 3, 17. Evangelho segundo São Marcos 6, 7-13. Evangelho segundo São Lucas 9, 1-6. *Palavras da Madre*, Mg., I, p. 7. *Ibid.*, número 68, I, p. 49-135.

186. *Constituições*, artigo 80. Evangelho segundo São Lucas 6, 6-11. *Ibid.* 8, 21. *Ibid.* 11, 28. Epístola de São Paulo aos Hebreus 4, 12-13. Segunda Epístola de São Paulo a Timóteo 3, 16.

187. Epístola de São Paulo aos Gálatas 1, 6-12.

188. *Constituições*, art. 13. *Cadernos de espiritualidade das apóstolas do sagrado coração de Jesus*, número 5, p. 36-40. *Ibid.*, número 7, p. 14-17. *Antologia espiritual*, p. 3. *Um coração nos ama*, volume 3, p. 99. Epístola de São Paulo aos Filipenses 2, 1-18. Epístola de São Paulo aos Colossenses 3, 12.

189. *Um coração nos ama*, volume 3, p. 94.

190. Primeira Epístola de São Paulo aos Coríntios 13, 1.

191. Livro: *A vida fraterna em comunidade*, p. 33-37. *Constituições*, artigos 45, 78, 131, 197 e 257.

192. Aprofundamento: Evangelho segundo São Lucas 1, 35-38. Evangelho segundo São João 2, 1-12. *Um coração nos ama*, volume 2, p. 42-51. *Cadernos de espiritualidade das apóstolas do sagrado coração de Jesus*, número 7, p. 3-46.

193. Isaías 43, 1. Primeira Epístola de São Paulo aos Coríntios 12, 3. *Antologia espiritual*, p. 50-61 e 279-280. Evangelho segundo São Lucas 22, 62. *Catecismo*, números 2558-2565. *Coração a coração*, 98-117.

194. Atos dos Apóstolos 21, 14-27.

195. Evangelho segundo São Mateus 28, 16-20.

196. *Um coração que ama*, número 4, p. 19. *Ibid.*, número 10, p. 21. Evangelho segundo São João 17, 1-11.

197. Primeira Epístola de São Paulo aos Coríntios 11, 23-26.

198. Evangelho segundo São Lucas 6, 17, 26.

199. Evangelho segundo São Marcos 1, 9-13.

200. *Ibid.* 9, 14-29.

201. Segunda epístola de São Paulo aos Coríntios 5, 14.

DIÁRIO ESPIRITUAL

202. Evangelho segundo São João 2, 1-12. *Ibid.* 13, 1-20. Evangelho segundo São Lucas 22, 24-27.

203. Epístola de São Paulo aos Filipenses 3, 4-16. Evangelho segundo São Marcos 1, 16-20. Evangelho segundo São Mateus 20, 1-16. *Palavras da Madre*, p. 333 e 346. *Antologia espiritual*, p. 279, 284 e 286.

204. Evangelho segundo São Mateus 5, 14-16. Epístola de São Paulo aos Efésios 5, 8. Evangelho segundo São João 1, 1-17.

205. Gênesis 12, 1-9.

206. Cântico dos Cânticos 4, 7.

207. Livro dos Juízes 15, 9-18.

208. Evangelho segundo São Mateus 11, 28-29.

209. Texto escrito em duas folhas esparsas, sem data, incompleto, aparentemente falta uma folha. O texto é inserido nessa parte do *Diário* por causa da data citada no corpo do texto: *Retiro anual de 8/9/2010.* (Maria de Souza).

210. Evangelho segundo São Mateus 3, 13-17.

211. Nosso documento, capítulo 19, p. 23 e 92. Documento XV, p. 11-12. Documento XVI.

212. *Cf.* mito de Sísifo.

213. *Um coração nos ama*, volume 7, carta número 9.

214. O Documento 92 fala do rosto de Deus, do testemunho de Deus.

215. Documento XIII, capítulo geral. Evangelho segundo São João 1, 35-45.

216. Salmo de Davi 89, 10.

217. Irmã Domícia escreveu as datas de aniversário de membros de sua família no final do *Diário*.

218. Irmã Domícia escreveu as datas de sua biografia no final do *Diário*.